Gotthold Ephraim Lessing
Fabeln

Gotthold Ephraim Lessing

Fabeln

Abhandlungen
über die Fabel

Anaconda

Lessings Fabeln erschienen erstmals 1759 unter dem Titel *Gotthold Ephraim Lessings Fabeln. Drey Bücher. Nebst Abhandlungen mit dieser Dichtungsart verwandten Inhalts* bei Christian Friedrich Voß in Berlin. Die vorliegende Ausgabe folgt dem Text der historisch-kritischen Edition *Gotthold Ephraim Lessings sämtliche Schriften.* Hrsg. von Karl Lachmann. Dritte Auflage, besorgt durch Franz Muncker. Stuttgart 1886–1924. Die Fußnoten stammen von Lessing. Der Text wurde unter Wahrung des Lautstandes und grammatischer Eigenheiten der neuen deutschen Rechtschreibung angepasst. Die Übersetzung der griechischen, lateinischen und französischen Zitate im Anhang stammt von Matthias Hackemann. Die griechische Orthografie folgt der Ausgabe Gotthold Ephraim Lessing: *Werke.* Hrsg. v. Herbert G. Göpfert. Band 1: *Gedichte, Fabeln, Lustspiele.* München: Hanser 1970.

Die Deutsche Nationalbibliothek verzeichnet diese Publikation in der Deutschen Nationalbibliografie; detaillierte bibliografische Daten sind im Internet unter http://dnb.d-nb.de abrufbar.

© 2008 Anaconda Verlag GmbH, Köln
Alle Rechte vorbehalten.
Umschlagmotiv: Jacob Bouttats (ca. 1650–1700),
»Garden of Eden«, Private Collection,
© Gavin Graham Gallery, London / bridgemanart.com
Umschlaggestaltung: agilmedien, Köln
Satz und Layout: GEM mbH, Ratingen
Printed in Czech Republic 2008
ISBN 978-3-86647-239-6
info@anaconda-verlag.de

Inhalt

Vorrede 7

Erstes Buch 11

Zweites Buch 28

Drittes Buch 47

Anhang 63

I. Fabeln aus *Lessings Schriften* 63

II. Fabeln aus Lessings Nachlass 66

Abhandlungen über die Fabel 71

I. Von dem Wesen der Fabel 72

II. Von dem Gebrauche der Tiere in der Fabel . . 110

III. Von der Einteilung der Fabeln 121

IV. Von dem Vortrage der Fabeln 137

V. Von einem besondern Nutzen der
   Fabeln in den Schulen 149

Übersetzung der griechischen, lateinischen
   und französischen Zitate 154

Vorrede

Ich warf, vor Jahr und Tag, einen kritischen Blick auf meine Schriften. Ich hatte ihrer lange genug vergessen, um sie völlig als fremde Geburten betrachten zu können. Ich fand, dass man noch lange nicht so viel Böses davon gesagt habe, als man wohl sagen könnte, und beschloss, in dem ersten Unwillen, sie ganz zu verwerfen.

Viel Überwindung hätte mich die Ausführung dieses Entschlusses gewiss nicht gekostet. Ich hatte meine Schriften nie der Mühe wert geachtet, sie gegen irgendjemanden zu verteidigen; so ein leichtes und gutes Spiel mir auch oft der allzu elende Angriff dieser und jener würde gemacht haben. Dazu kam noch das Gefühl, dass ich itzt meine jugendlichen Vergehungen durch bessere Dinge gutmachen und endlich wohl gar in Vergessenheit bringen könnte.

Doch indem fielen mir so viel freundschaftliche Leser ein. – Soll ich selbst Gelegenheit geben, dass man ihnen vorwerfen kann, ihren Beifall an etwas *ganz* Unwürdiges verschwendet zu haben? Ihre nachsichtsvolle Aufmunterung erwartet von mir ein anderes Betragen. Sie erwartet, und sie verdienet, dass ich mich bestrebe, sie, wenigstens nach der Hand, recht haben zu lassen; dass ich so viel Gutes nunmehr wirklich in meine Schriften so glücklich hineinlege, dass sie es in Voraus darin bemerkt zu haben scheinen können. – Und so nahm ich mir vor, was ich erst *verwerfen* wollte, lieber so viel als möglich zu *verbessern*. – Welche Arbeit! –

Ich hatte mich bei keiner Gattung von Gedichten länger verweilet als bei der *Fabel*. Es gefiel mir auf diesem gemeinschaftlichen Raine der Poesie und Moral. Ich hatte die alten und neuen Fabulisten so ziemlich alle, und die besten von ihnen mehr als einmal, gelesen. Ich hatte über die Theorie der Fabel nachgedacht. Ich hatte mich oft gewundert, dass die gerade auf die Wahrheit führende Bahn des *Aesopus*, von den Neuern, für die blumenreichern Abwege der schwatzhaften Gabe zu erzählen, so sehr verlassen werde. Ich hatte eine Menge Versuche in der einfältigen Art des alten *Phrygiers* gemacht. – Kurz, ich glaubte mich in diesem Fache so reich, dass ich vors Erste meinen Fabeln, mit leichter Mühe, eine neue Gestalt geben könnte.

Ich griff zum Werke. – Wie sehr ich mich aber wegen der leichten Mühe geirret hatte, das weiß ich selbst am besten. Anmerkungen, die man während dem Studieren macht und nur aus Misstrauen in sein Gedächtnis auf das Papier wirft; Gedanken, die man sich nur zu *haben* begnügt, ohne ihnen durch den Ausdruck die nötige Präzision zu geben; Versuchen, die man nur zu seiner Übung waget – – fehlt noch sehr viel zu einem *Buche*. Was nun endlich für eines daraus geworden – hier ist es!

Man wird nicht mehr als sechse von meinen alten Fabeln darin finden; die sechs prosaischen nämlich, die mir der Erhaltung am wenigsten unwert schienen. Die übrigen gereimten mögen auf eine andere Stelle warten. Wenn es nicht gar zu sonderbar gelassen hätte, so würde ich sie in Prosa aufgelöset haben.

Ohne übrigens eigentlich den Gesichtspunkt, aus welchem ich am liebsten betrachtet zu sein wünschte, vorzuschreiben, ersuche ich bloß meinen Leser, die *Fabeln* nicht ohne die *Abhandlungen* zu beurteilen. Denn ob ich gleich weder diese jenen noch jene diesen zum Besten geschrieben habe; so entlehnen doch beide als Dinge, die zu *einer* Zeit in *einem* Kopfe entsprungen, allzu viel voneinander, als dass sie einzeln und abgesondert noch ebendieselben bleiben könnten. Sollte er auch schon dabei entdecken, dass meine Regeln mit meiner Ausübung nicht allezeit übereinstimmen: Was ist es mehr? Er weiß von selbst, dass das Genie seinen Eigensinn hat; dass es den Regeln selten mit Vorsatz folgt und dass diese seine wollüstigen Auswüchse zwar *beschneiden*, aber nicht *hemmen* sollen. Er prüfe also in den Fabeln *seinen* Geschmack und in den Abhandlungen *meine* Gründe. –

Ich wäre willens, mit allen übrigen Abteilungen meiner Schriften, nach und nach, auf gleiche Weise zu verfahren. An Vorrat würde es mir auch nicht fehlen, den unnützen Abgang dabei zu ersetzen. Aber an Zeit, an Ruhe – – Nichts weiter! Dieses *Aber* gehöret in keine Vorrede; und das Publikum danket es selten einem Schriftsteller, wenn er es auch in solchen Dingen zu seinem Vertrauten zu machen gedenkt. – Solange der Virtuose Anschläge fasset, Ideen sammlet, wählet, ordnet, in Plane verteilet: So lange genießt er die sich selbst belohnenden Wollüste der Empfängnis. Aber sobald er einen Schritt weitergehet und Hand anleget, seine Schöpfung auch außer sich darzustellen: Sogleich fangen die Schmerzen der Geburt an, welchen er sich selten ohne alle Aufmunterung unterziehet. –

Eine Vorrede sollte nichts enthalten als die Geschichte des Buchs. Die Geschichte des meinigen war bald erzählt, und ich müsste hier schließen. Allein, da ich die Gelegenheit, mit meinen Lesern zu sprechen, so selten ergreife, so erlaube man mir, sie einmal zu missbrauchen. – Ich bin gezwungen, mich über einen bekannten Skribenten zu beklagen. Herr *Dusch* hat mich durch seine bevollmächtigten Freunde, seit geraumer Zeit, auf eine sehr nichtswürdige Art misshandeln lassen. Ich meine mich, den Menschen; denn dass es seiner siegreichen Kritik gefallen hat, mich, den Schriftsteller, in die Pfanne zu hauen, das würde ich mit keinem Worte rügen. Die Ursache seiner Erbitterung sind verschiedene Kritiken, die man in der *Bibliothek der schönen Wissenschaften* und in den *Briefen die neueste Litteratur betreffend* über seine Werke gemacht hat und er auf meine Rechnung schreibet. Ich habe ihn schon öffentlich von dem Gegenteile versichern lassen; die Verfasser der Bibliothek sind auch nunmehr genugsam bekannt; und wenn diese, wie er selbst behauptet, zugleich die Verfasser der Briefe sind, so kann ich gar nicht begreifen, warum er seinen Zorn an *mir* auslässt. Vielleicht aber *muss* ein ehrlicher Mann, wie er, wenn es ihn nicht töten soll, sich seiner Galle gegen einen Unschuldigen entladen; und in diesem Falle stehe ich seiner Kunstrichterei und dem Aberwitze seiner Freunde und seiner Freundinnen gar gern noch ferner zu Diensten und widerrufe meine Klage.

Erstes Buch

1. *Die Erscheinung*

In der einsamsten Tiefe jenes Waldes, wo ich schon manches redende Tier belauscht, lag ich an einem sanften Wasserfalle und war bemüht, einem meiner Märchen den leichten poetischen Schmuck zu geben, in welchem am liebsten zu erscheinen, *La Fontaine* die Fabel fast verwöhnt hat. Ich sann, ich wählte, ich verwarf, die Stirne glühte – – Umsonst, es kam nichts auf das Blatt. Voll Unwill sprang ich auf; aber sieh! – auf einmal stand sie selbst, die fabelnde Muse vor mir.

Und sie sprach lächelnd: Schüler, wozu diese undankbare Mühe? Die Wahrheit braucht die Anmut der Fabel; aber wozu braucht die Fabel die Anmut der Harmonie? Du willst das Gewürze würzen. Gnug, wenn die Erfindung des Dichters ist; der Vortrag sei des ungekünstelten Geschichtschreibers, so wie der Sinn des Weltweisen.

Ich wollte antworten, aber die Muse verschwand. »Sie verschwand?«, höre ich einen Leser fragen. »Wenn du uns doch nur wahrscheinlicher täuschen wolltest! Die seichten Schlüsse, auf die dein Unvermögen dich führte, der Muse in den Mund zu legen! Zwar ein gewöhnlicher Betrug –«

Vortrefflich, mein Leser! Mir ist keine Muse erschienen. Ich erzählte eine bloße Fabel, aus der du selbst die Lehre gezogen. Ich bin nicht der Erste und werde nicht der Letzte sein, der seine Grillen zu Orakelsprüchen einer göttlichen Erscheinung macht.

2. Der Hamster und die Ameise

Ihr armseligen Ameisen, sagte ein Hamster. Verlohnt es sich der Mühe, dass ihr den ganzen Sommer arbeitet, um ein so weniges einzusammeln? Wenn ihr meinen Vorrat sehen solltet! –

Höre, antwortete eine Ameise, wenn er größer ist, als du ihn brauchst, so ist es schon recht, dass die Menschen dir nachgraben, deine Scheuren ausleeren und dich deinen räubrischen Geiz mit dem Leben büßen lassen!

3. Der Löwe und der Hase

Aelianus de natura animalium libr. I. cap. 38. Ὀῤῥώδει ὁ ἐλεφας κεραστην κριον και χοιρου βοην. Idem lib. III. cap. 31. Αλεκτρυονα φοβειται ὁ λεων.

Ein Löwe würdigte einen drolligten Hasen seiner nähern Bekanntschaft. Aber ist es denn wahr, fragte ihn einst der Hase, dass euch Löwen ein elender krähender Hahn so leicht verjagen kann?

Allerdings ist es wahr, antwortete der Löwe; und es ist eine allgemeine Anmerkung, dass wir großen Tiere durchgängig eine gewisse kleine Schwachheit an uns haben. So wirst du, zum Exempel, von dem Elefanten gehört haben, dass ihm das Grunzen eines Schweins Schauder und Entsetzen erwecket. –

Wahrhaftig?, unterbrach ihn der Hase. Ja, nun begreif ich auch, warum wir Hasen uns so entsetzlich vor den Hunden fürchten.

4. Der Esel und das Jagdpferd

Ein Esel vermaß sich, mit einem Jagdpferde um die Wette zu laufen. Die Probe fiel erbärmlich aus, und der Esel ward ausgelacht. Ich merke nun wohl, sagte der Esel, woran es gelegen hat; ich trat mir vor einigen Monaten einen Dorn in den Fuß, und der schmerzt mich noch.

Entschuldigen Sie mich, sagte der Kanzelredner *Liederhold*, wenn meine heutige Predigt so gründlich und erbaulich nicht gewesen, als man sie von dem glücklichen Nachahmer eines *Mosheims* erwartet hätte; ich habe, wie Sie hören, einen heisern Hals, und den schon seit acht Tagen.

5. Zeus und das Pferd

Καμηλον ὡς δεδοικεν ιππος, ἐγνω Κυρος τε και Κροισος. Aelianus de nat. an. lib. III. cap. 7.

Vater der Tiere und Menschen, so sprach das Pferd und nahte sich dem Throne des Zeus, man will, ich sei eines der schönsten Geschöpfe, womit du die Welt gezieret, und meine Eigenliebe heißt mich es glauben. Aber sollte gleichwohl nicht noch verschiedenes an mir zu bessern sein? –

Und was meinst du denn, dass an dir zu bessern sei? Rede, ich nehme Lehre an, sprach der gute Gott und lächelte.

Vielleicht, sprach das Pferd weiter, würde ich flüchtiger sein, wenn meine Beine höher und schmächtiger wären; ein langer Schwanenhals würde mich nicht verstellen; eine breitere Brust würde meine Stärke vermehren; und da du mich doch einmal bestimmt hast, deinen Liebling, den Menschen zu tragen, so könnte mir ja wohl der Sattel anerschaffen sein, den mir der wohltätige Reiter auflegt.

Gut, versetzte Zeus; gedulde dich einen Augenblick! Zeus, mit ernstem Gesichte, sprach das Wort der Schöpfung. Da quoll Leben in den Staub, da verband sich organisierter Stoff; und plötzlich stand vor dem Throne – das hässliche *Kamel*.

Das Pferd sah, schauderte und zitterte vor entsetzendem Abscheu.

Hier sind höhere und schmächtigere Beine, sprach Zeus; hier ist ein langer Schwanenhals; hier ist eine breitere Brust; hier ist der anerschaffene Sattel! Willst du, Pferd, dass ich dich so umbilden soll?

Das Pferd zitterte noch.

Geh, fuhr Zeus fort; dieses Mal sei belehrt, ohne bestraft zu werden. Dich deiner Vermessenheit aber dann und wann reuend zu erinnern, so daure du fort, neues Geschöpf – Zeus warf einen erhaltenden Blick auf das *Kamel* – – und das Pferd erblicke dich nie, ohne zu schaudern.

6. *Der Affe und der Fuchs*

Nenne mir ein so geschicktes Tier, dem ich nicht nachahmen könnte!, so prahlte der Affe gegen den Fuchs. Der Fuchs aber erwiderte: Und du, nenne mir ein so geringschätziges Tier, dem es einfallen könnte, dir nachzuahmen.

Schriftsteller meiner Nation! – Muss ich mich noch deutlicher erklären?

7. Die Nachtigall und der Pfau

Eine gesellige Nachtigall fand, unter den Sängern des Waldes, Neider die Menge, aber keinen Freund. Vielleicht finde ich ihn unter einer andern Gattung, dachte sie und floh vertraulich zu dem Pfaue herab.

Schöner Pfau! Ich bewundere dich. – »Ich dich auch, liebliche Nachtigall!« – So lass uns Freunde sein, sprach die Nachtigall weiter; wir werden uns nicht beneiden dürfen; du bist dem Auge so angenehm als ich dem Ohre.

Die Nachtigall und der Pfau wurden Freunde.

Kneller und *Pope* waren bessere Freunde als *Pope* und *Addison*.

8. Der Wolf und der Schäfer

Ein Schäfer hatte durch eine grausame Seuche seine ganze Herde verloren. Das erfuhr der Wolf und kam, seine Kondolenz abzustatten.

Schäfer, sprach er, ist es wahr, dass dich ein so grausames Unglück betroffen? Du bist um deine ganze Herde gekommen? Die liebe, fromme, fette Herde! Du dauerst mich, und ich möchte blutige Tränen weinen.

Habe Dank, Meister Isegrim, versetzte der Schäfer. Ich sehe, du hast ein sehr mitleidiges Herz.

Das hat er auch wirklich, fügte des Schäfers Hylax hinzu, sooft er unter dem Unglücke seines Nächsten selbst leidet.

9. Das Ross und der Stier

Auf einem feurigen Rosse floh stolz ein dreuster Knabe daher. Da rief ein wilder Stier dem Rosse zu: Schande! Von einem Knaben ließ ich mich nicht regieren!

Aber ich, versetzte das Ross. Denn was für Ehre könnte es mir bringen, einen Knaben abzuwerfen?

10. Die Grille und die Nachtigall

Ich versichre dich, sagte die Grille zu der Nachtigall, dass es meinem Gesange gar nicht an Bewundrern fehlt. – Nenne mir sie doch, sprach die Nachtigall. – Die arbeitsamen Schnitter, versetzte die Grille, hören mich mit vielem Vergnügen, und dass dieses die nützlichsten Leute in der menschlichen Republik sind, das wirst du doch nicht leugnen wollen?

Das will ich nicht leugnen, sagte die Nachtigall, aber deswegen darfst du auf ihren Beifall nicht stolz sein. Ehrlichen Leuten, die alle ihre Gedanken bei der Arbeit haben, müssen ja wohl die feinern Empfindungen fehlen. Bilde dir also ja nichts eher auf dein Lied ein, als bis ihm der sorglose Schäfer, der selbst auf seiner Flöte sehr lieblich spielt, mit stillem Entzücken lauschet.

11. Die Nachtigall und der Habicht

Ein Habicht schoss auf eine singende Nachtigall. Da du so lieblich singst, sprach er, wie vortrefflich wirst du schmecken!

War es höhnische Bosheit oder war es Einfalt, was der Habicht sagte? Ich weiß nicht. Aber gestern hört ich sagen: Dieses Frauenzimmer, das so unvergleichlich dichtet, muss es nicht ein allerliebstes Frauenzimmer sein! Und das war gewiss Einfalt!

12. Der kriegerische Wolf

Mein Vater, glorreichen Andenkens, sagte ein junger Wolf zu einem Fuchse, das war ein rechter Held! Wie fürchterlich hat er sich nicht in der ganzen Gegend gemacht! Er hat über mehr als zweihundert Feinde, nach und nach, triumphiert und ihre schwarze Seelen in das Reich des Verderbens gesandt. Was Wunder also, dass er endlich doch einem unterliegen musste!

So würde sich ein Leichenredner ausdrücken, sagte der Fuchs, der trockene Geschichtschreiber aber würde hinzusetzen: Die zweihundert Feinde, über die er, nach und nach, triumphieret, waren Schafe und Esel; und der eine Feind, dem er unterlag, war der erste Stier, den er sich anzufallen erkühnte.

13. *Der Phönix*

Nach vielen Jahrhunderten gefiel es dem Phönix, sich wieder einmal sehen zu lassen. Er erschien und alle Tiere und Vögel versammelten sich um ihn. Sie gafften, sie staunten, sie bewunderten und brachen in entzückendes Lob aus.

Bald aber verwandten die besten und geselligsten mitleidsvoll ihre Blicke und seufzten: Der unglückliche Phönix! Ihm ward das harte Los, weder Geliebte noch Freund zu haben; denn er ist der Einzige seiner Art!

14. *Die Gans*

Die Federn einer Gans beschämten den neugebornen Schnee. Stolz auf dieses blendende Geschenk der Natur, glaubte sie eher zu einem Schwane als zu dem, was sie war, geboren zu sein. Sie sonderte sich von ihresgleichen ab und schwamm einsam und majestätisch auf dem Teiche herum. Bald dehnte sie ihren Hals, dessen verräterischer Kürze sie mit aller Macht abhelfen wollte. Bald suchte sie ihm die prächtige Biegung zu geben, in welcher der Schwan das würdigste Ansehen eines Vogels des Apollo hat. Doch vergebens; er war zu steif, und mit aller ihrer Bemühung brachte sie es nicht weiter, als dass sie eine lächerliche Gans ward, ohne ein Schwan zu werden.

15. Die Eiche und das Schwein

Ein gefräßiges Schwein mästete sich, unter einer hohen Eiche, mit der herabgefallenen Frucht. Indem es die eine Eichel zerbiss, verschluckte es bereits eine andere mit dem Auge.

Undankbares Vieh!, rief endlich der Eichbaum herab. Du nährest dich von meinen Früchten, ohne einen einzigen dankbaren Blick auf mich in die Höhe zu richten.

Das Schwein hielt einen Augenblick inne und grunzte zur Antwort: Meine dankbaren Blicke sollten nicht außenbleiben, wenn ich nur wüsste, dass du deine Eicheln meinetwegen hättest fallen lassen.

16. Die Wespen

Ἵππος ἐρριμμένος σφηκῶν γένεσις ἐστιν. Aelianus de nat. animal. lib. I. cap. 28.

Fäulnis und Verwesung zerstörten das stolze Gebäu eines kriegerischen Rosses, das unter seinem kühnen Reiter erschossen worden. Die Ruinen des einen braucht die allzeit wirksame Natur zu dem Leben des andern. Und so floh auch ein Schwarm junger Wespen aus dem beschmeißten Aase hervor. Oh, riefen die Wespen, was für eines göttlichen Ursprungs sind wir! Das prächtigste Ross, der Liebling Neptuns, ist unser Erzeuger!

Diese seltsame Prahlerei hörte der aufmerksame Fabeldichter und dachte an die heutigen Italiener, die sich nichts Geringers, als Abkömmlinge der alten unsterblichen Römer zu sein, einbilden, weil sie auf ihren Gräbern geboren worden.

17. Die Sperlinge

Eine alte Kirche, welche den Sperlingen unzählige Nester gab, ward ausgebessert. Als sie nun in ihrem neuen Glanze dastand, kamen die Sperlinge wieder, ihre alten Wohnungen zu suchen. Allein sie fanden sie alle vermauert. Zu was, schrien sie, taugt denn nun das große Gebäude? Kommt, verlasst den unbrauchbaren Steinhaufen!

18. Der Strauß

Η στρουθος ή μεγαλη λασιοις μεν τοις πτεροις έπτερωται, άρθηναι δε και εις βαθυν άερα μετεωρισθηναι φυσιν ούκ έχει· θει δε ώκιστα, και τας παρα την πλευραν έκατεραν πτερυγας άπλοι, και έμπιπτον το πευμα κολποι δικην ίστιων άυτας· πτησιν δε ούκ οίδεν. Aelianus lib. II. cap. 26.

Itzt will ich fliegen, rief der gigantische Strauß, und das ganze Volk der Vögel stand in ernster Erwartung um ihn versammelt. Itzt will ich fliegen, rief er nochmals, breitete die gewaltigen Fittiche weit aus und schoss, gleich einem Schiffe mit aufgespannten Segeln, auf dem Boden dahin, ohne ihn mit einem Tritte zu verlieren.

Sehet da ein poetisches Bild jener unpoetischen Köpfe, die in den ersten Zeilen ihrer ungeheuren Oden mit stolzen Schwingen prahlen, sich über Wolken und Sterne zu erheben drohen und dem Staube doch immer getreu bleiben!

19. Der Sperling und der Strauß

Sei auf deine Größe, auf deine Stärke so stolz, als du willst, sprach der Sperling zu dem Strauße. Ich bin doch mehr ein Vogel als du. Denn du kannst nicht fliegen; ich aber fliege, obgleich nicht hoch, obgleich nur ruckweise.

Der leichte Dichter eines fröhlichen Trinkliedes, eines kleinen verliebten Gesanges ist mehr ein Genie als der schwunglose Schreiber einer langen Hermanniade.

20. Die Hunde

Λεοντι ομοσε χωρει κυων Ινδικος – και πολλα αυτον λυπησας και κατατρωσας, τελευτων ητταται ὁ κυων. Aelianus lib. IV. cap. 19.

Wie ausgeartet ist hierzulande unser Geschlecht!, sagte ein gereister Budel. In dem fernen Weltteile, welches die Menschen Indien nennen, da, da gibt es noch rechte Hunde; Hunde, meine Brüder – – ihr werdet es mir nicht glauben, und doch habe ich es mit meinen Augen gesehen – die auch einen Löwen nicht fürchten und kühn mit ihm anbinden.

Aber, fragte den Budel ein gesetzter Jagdhund, überwinden sie ihn denn auch, den Löwen?

Überwinden?, war die Antwort. Das kann ich nun eben nicht sagen. Gleichwohl, bedenke nur, einen Löwen anzufallen! –

Oh, fuhr der Jagdhund fort, wenn sie ihn nicht überwinden, so sind deine gepriesene Hunde in Indien – besser als wir, so viel wie nichts – aber ein gut Teil dümmer.

21. *Der Fuchs und der Storch*

Erzähle mir doch etwas von den fremden Ländern, die du alle gesehen hast, sagte der Fuchs zu dem weit gereisten Storche.

Hierauf fing der Storch an, ihm jede Lache und jede feuchte Wiese zu nennen, wo er die schmackhaftesten Würmer und die fettesten Frösche geschmauset.

Sie sind lange in Paris gewesen, mein Herr. Wo speiset man da am besten? Was für Weine haben Sie da am meisten nach Ihrem Geschmacke gefunden?

22. *Die Eule und der Schatzgräber*

Jener Schatzgräber war ein sehr unbilliger Mann. Er wagte sich in die Ruinen eines alten Raubschlosses und ward da gewahr, dass die Eule eine magere Maus ergriff und verzehrte. Schickt sich das, sprach er, für den philosophischen Liebling Minervens?

Warum nicht?, versetzte die Eule. Weil ich stille Betrachtungen liebe, kann ich deswegen von der Luft leben? Ich weiß zwar wohl, dass ihr Menschen es von euren Gelehrten verlanget – –

23. *Die junge Schwalbe*

Was macht ihr da?, fragte eine Schwalbe die geschäftigen Ameisen. Wir sammeln Vorrat auf den Winter, war die geschwinde Antwort.

Das ist klug, sagte die Schwalbe, das will ich auch tun. Und sogleich fing sie an, eine Menge toter Spinnen und Fliegen in ihr Nest zu tragen.

Aber wozu soll das?, fragte endlich ihre Mutter. »Wozu? Vorrat auf den bösen Winter, liebe Mutter; sammle doch auch! Die Ameisen haben mich diese Vorsicht gelehrt.«

O lass den irdischen Ameisen diese kleine Klugheit, versetzte die Alte, was sich für sie schickt, schickt sich nicht für bessere Schwalben. Uns hat die gütige Natur ein holderes Schicksal bestimmt. Wenn der reiche Sommer sich endet, ziehen wir von hinnen; auf dieser Reise entschlafen wir allgemach, und da empfangen uns warme Sümpfe, wo wir ohne Bedürfnisse rasten, bis uns ein neuer Frühling zu einem neuen Leben erwecket.

24. Merops

Ο Μεροψ το ὀρνεον ἐμπαλιν, φασι, τοις ἀλλοις
ἁπασι πετεται· τα μεν γαρ εις τουμπροσθεν ἰεται
και κατ᾽ ὀφθαλμους, το δε εἰς τουπισω.

Ich muss dich doch etwas fragen, sprach ein junger Adler zu einem tiefsinnigen, grundgelehrten Uhu. Man sagt, es gäbe einen Vogel, mit Namen *Merops*, der, wenn er in die Luft steige, mit dem Schwanze voraus, den Kopf gegen die Erde gekehret, fliege. Ist das wahr?

Ei nicht doch!, antwortete der Uhu, das ist eine alberne Erdichtung des Menschen. Er mag selbst ein solcher *Merops* sein, weil er nur gar zu gern den Himmel erfliegen möchte, ohne die Erde, auch nur einen Augenblick, aus dem Gesichte zu verlieren.

25. Der Pelekan

Aelianus de nat. animal. lib. III. cap. 30.

Für wohlgeratene Kinder können Eltern nicht zu viel tun. Aber wenn sich ein blöder Vater für einen ausgearteten Sohn das Blut vom Herzen zapft, dann wird Liebe zur Torheit.

Ein frommer Pelekan, da er seine Jungen schmachten sahe, ritzte sich mit scharfem Schnabel die Brust auf und erquickte sie mit seinem Blute. Ich bewundere deine Zärtlichkeit, rief ihm ein Adler zu, und bejammere deine Blindheit. Sieh doch, wie manchen nichtswürdigen Guckuck du unter deinen Jungen mit ausgebrütet hast!

So war es auch wirklich; denn auch ihm hatte der kalte Guckuck seine Eier untergeschoben. – Waren es undankbare Guckucke wert, dass ihr Leben so teuer erkauft wurde?

26. Der Löwe und der Tiger

Aelianus de nat. animal. lib. II. cap. 12.

Der Löwe und der Hase, beide schlafen mit offenen Augen. Und so schlief jener, ermüdet von der gewaltigen Jagd, einst vor dem Eingange seiner fürchterlichen Höhle.

Da sprang ein Tiger vorbei und lachte des leichten Schlummers. Der nichts fürchtende Löwe!, rief er. Schläft er nicht mit offenen Augen, natürlich wie der Hase!

Wie der Hase?, brüllte der aufspringende Löwe und war dem Spötter an der Gurgel. Der Tiger wälzte sich in seinem Blute, und der beruhigte Sieger legte sich wieder, zu schlafen.

27. Der Stier und der Hirsch

Ein schwerfälliger Stier und ein flüchtiger Hirsch weideten auf einer Wiese zusammen.

Hirsch, sagte der Stier, wenn uns der Löwe anfallen sollte, so lass uns für einen Mann stehen; wir wollen ihn tapfer abweisen. – Das mute mir nicht zu, erwiderte der Hirsch, denn warum sollte ich mich mit dem Löwen in ein ungleiches Gefecht einlassen, da ich ihm sichrer entlaufen kann?

28. *Der Esel und der Wolf*

Ein Esel begegnete einem hungrigen Wolfe. Habe Mitleiden mit mir, sagte der zitternde Esel, ich bin ein armes krankes Tier; sieh nur, was für einen Dorn ich mir in den Fuß getreten habe! –

Wahrhaftig, du dauerst mich, versetzte der Wolf. Und ich finde mich in meinem Gewissen verbunden, dich von diesen Schmerzen zu befreien. –

Kaum war das Wort gesagt, so ward der Esel zerrissen.

29. *Der Springer im Schache*

Zwei Knaben wollten Schach ziehen. Weil ihnen ein Springer fehlte, so machten sie einen überflüssigen Bauer, durch ein Merkzeichen, dazu.

Ei, riefen die andern Springer, woher, Herr Schritt vor Schritt?

Die Knaben hörten die Spötterei und sprachen: Schweigt! Tut er uns nicht eben die Dienste, die ihr tut?

30. Aesopus und der Esel

Der Esel sprach zu dem Aesopus: Wenn du wieder ein Geschichtchen von mir ausbringst, so lass mich etwas recht Vernünftiges und Sinnreiches sagen.

Dich etwas Sinnreiches!, sagte Aesop, wie würde sich das schicken? Würde man nicht sprechen, du seist der Sittenlehrer und ich der Esel?

Zweites Buch

1. *Die eherne Bildsäule*

Die eherne Bildsäule eines vortrefflichen Künstlers schmolz durch die Hitze einer wütenden Feuersbrunst in einen Klumpen. Dieser Klumpen kam einem andern Künstler in die Hände, und durch seine Geschicklichkeit verfertigte er eine neue Bildsäule daraus; von der erstern in dem, was sie vorstellete, unterschieden, an Geschmack und Schönheit aber ihr gleich.

Der Neid sah es und knirschte. Endlich besann er sich auf einen armseligen Trost: »Der gute Mann würde dieses, noch ganz erträgliche Stück, auch nicht hervorgebracht haben, wenn ihm nicht die Materie der alten Bildsäule dabei zustatten gekommen wäre.«

2. *Herkules*

Fab. Aesop. 191. edit. Hauptmannianae. Phaedrus lib. IV. Fab. 11.

Als *Herkules* in den Himmel aufgenommen ward, machte er seinen Gruß unter allen Göttern der *Juno* zuerst. Der ganze Himmel und *Juno* erstaunte darüber. Deiner Feindin, rief man ihm zu, begegnest du so vorzüglich? Ja, ihr selbst, erwiderte *Herkules*. Nur ihre Verfolgungen sind es, die mir zu den Taten Gelegenheit gegeben, womit ich den Himmel verdienet habe.

Der Olymp billigte die Antwort des neuen Gottes, und Juno ward versöhnt.

3. Der Knabe und die Schlange

Fab. Aesop. 170. Phaedrus lib. IV. Fab. 18.

Ein Knabe spielte mit einer zahmen Schlange. Mein liebes Tierchen, sagte der Knabe, ich würde mich mit dir so gemein nicht machen, wenn dir das Gift nicht benommen wäre. Ihr Schlangen seid die boshaftesten, undankbarsten Geschöpfe! Ich habe es wohl gelesen, wie es einem armen Landmann ging, der eine, vielleicht von deinen Ureltern, die er halb erfroren unter einer Hecke fand, mitleidig aufhob und sie in seinen erwärmenden Busen steckte. Kaum fühlte sich die Böse wieder, als sie ihren Wohltäter biss; und der gute freundliche Mann musste sterben.

Ich erstaune, sagte die Schlange. Wie parteiisch eure Geschichtschreiber sein müssen! Die unsrigen erzählen diese Historie ganz anders. Dein freundlicher Mann glaubte, die Schlange sei wirklich erfroren, und weil es eine von den bunten Schlangen war, so steckte er sie zu sich, ihr zu Hause die schöne Haut abzustreifen. War das recht?

Ach, schweig nur, erwiderte der Knabe. Welcher Undankbare hätte sich nicht zu entschuldigen gewusst.

Recht, mein Sohn, fiel der Vater, der dieser Unterredung zugehört hatte, dem Knaben ins Wort. Aber gleichwohl, wenn du einmal von einem außerordentlichen Undanke hören solltest, so untersuche ja alle Umstände genau, bevor du einen Menschen mit so einem abscheulichen Schandflecke brandmarken lässest. *Wahre Wohltäter haben selten Undankbare verpflichtet; ja, ich will zur Ehre der Menschheit hoffen – niemals.* Aber die Wohltäter mit kleinen eigennützigen Absichten, die sind es wert, mein Sohn, dass sie Undank anstatt Erkenntlichkeit einwuchern.

4. *Der Wolf auf dem Todbette*

Fab. Aesop. 144. Phaedrus lib. I. Fab. 8.

Der Wolf lag in den letzten Zügen und schickte einen prüfenden Blick auf sein vergangenes Leben zurück. Ich bin freilich ein Sünder, sagte er, aber doch, hoffe ich, keiner von den größten. Ich habe Böses getan, aber auch viel Gutes. Einsmals, erinnere ich mich, kam mir ein blökendes Lamm, welches sich von der Herde verirret hatte, so nahe, dass ich es gar leicht hätte würgen können; und ich tat ihm nichts. Zu ebendieser Zeit hörte ich die Spöttereien und Schmähungen eines Schafes mit der bewundernswürdigsten Gleichgültigkeit an, ob ich schon keine schützenden Hunde zu fürchten hatte.

Und das alles kann ich dir bezeugen, fiel ihm Freund Fuchs, der ihn zum Tode bereiten half, ins Wort. Denn ich erinnere mich noch gar wohl aller Umstände dabei. Es war zu eben der Zeit, als du dich an dem Beine so jämmerlich würgtest, das dir der gutherzige Kranich hernach aus dem Schlunde zog.

5. Der Stier und das Kalb

Phaedrus lib. V. Fab. 9.

Ein starker Stier zersplitterte mit seinen Hörnern, indem er sich durch die niedrige Stalltüre drängte, die obere Pfoste. Sieh einmal, Hirte!, schrie ein junges Kalb; solchen Schaden tu ich dir nicht. Wie lieb wäre mir es, versetzte dieser, wenn du ihn tun könntest!

Die Sprache des Kalbes ist die Sprache der kleinen Philosophen. »Der böse *Bayle*! Wie manche rechtschaffene Seele hat er mit seinen verwegnen Zweifeln geärgert!« – O ihr Herren, wie gern wollen wir uns ärgern lassen, wenn jeder von euch ein *Bayle* werden kann!

6. Die Pfauen und die Krähe

Fab. Aesop. 188. Phaedrus lib. I. Fab. 3.

Eine stolze Krähe schmückte sich mit den ausgefallenen Federn der farbigten Pfaue und mischte sich kühn, als sie gnug geschmückt zu sein glaubte, unter diese glänzenden Vögel der Juno. Sie ward erkannt; und schnell fielen die Pfaue mit scharfen Schnäbeln auf sie, ihr den betriegrischen Putz auszureißen.

Lasset nach!, schrie sie endlich, ihr habt nun alle das Eurige wieder. Doch die Pfaue, welche einige von den eignen glänzenden Schwingfedern der Krähe bemerkt hatten, versetzten: Schweig, armselige Närrin, auch diese können nicht dein sein! – und hackten weiter.

7. Der Löwe mit dem Esel

Phaedrus lib. I. Fab. 11.

Als des Aesopus Löwe mit dem Esel, der ihm durch seine fürchterliche Stimme die Tiere sollte jagen helfen, nach dem Walde ging, rief ihm eine nasenweise Krähe von dem Baume zu: Ein schöner Gesellschafter! Schämst du dich nicht, mit einem Esel zu gehen? – Wen ich brauchen kann, versetzte der Löwe, dem kann ich ja wohl meine Seite gönnen.

So denken die Großen alle, wenn sie einen Niedrigen ihrer Gemeinschaft würdigen.

8. Der Esel mit dem Löwen

Phaedrus lib. I. Fab. 11.

Als der Esel mit dem Löwen des Aesopus, der ihn statt seines Jägerhorns brauchte, nach dem Walde ging, begegnete ihm ein andrer Esel von seiner Bekanntschaft und rief ihm zu: Guten Tag, mein Bruder! – Unverschämter!, war die Antwort. –

Und warum das?, fuhr jener Esel fort. Bist du deswegen, weil du mit einem Löwen gehst, besser als ich? Mehr als ein Esel?

9. Die blinde Henne

Phaedrus lib. III. Fab. 12.

Eine blind gewordene Henne, die des Scharrens gewohnt war, hörte auch blind noch nicht auf, fleißig zu scharren. Was half es der arbeitsamen Närrin? Eine andre sehende Henne, welche ihre zarten Füße schonte, wich nie von ihrer Seite und genoss, ohne zu scharren, die Frucht des Scharrens. Denn sooft die blinde Henne ein Korn aufgescharret hatte, fraß es die sehende weg.
 Der fleißige Deutsche macht die Collectanea, die der witzige Franzose nutzt.

10. Die Esel

Fab. Aesop. 112.

Die Esel beklagten sich bei dem Zeus, dass die Menschen mit ihnen zu grausam umgingen. Unser starker Rücken, sagten sie, trägt ihre Lasten, unter welchen sie und jedes schwächere Tier erliegen müssten. Und doch wollen sie uns, durch unbarmherzige Schläge, zu einer Geschwindigkeit nötigen, die uns durch die Last unmöglich gemacht würde, wenn sie uns auch die Natur nicht versagt hätte. Verbiete ihnen, Zeus, so unbillig zu sein, wenn sich die Menschen anders etwas Böses verbieten lassen. Wir wollen ihnen dienen, weil es scheinet, dass du uns darzu erschaffen hast; allein geschlagen wollen wir ohne Ursach nicht sein.

Mein Geschöpf, antwortete Zeus ihrem Sprecher, die Bitte ist nicht ungerecht; aber ich sehe keine Möglichkeit, die Menschen zu überzeugen, dass eure natürliche Langsamkeit keine Faulheit sei. Und solange sie dieses glauben, werdet ihr geschlagen werden. – Doch ich sinne, euer Schicksal zu erleichtern. – Die Unempfindlichkeit soll von nun an euer Teil sein; eure Haut soll sich gegen die Schläge verhärten und den Arm des Treibers ermüden.

Zeus, schrien die Esel, du bist allezeit weise und gnädig! – Sie gingen erfreut von seinem Throne als dem Throne der allgemeinen Liebe.

11. *Das beschützte Lamm*

Fab. Aesop. 157.

Hylax, aus dem Geschlechte der Wolfshunde, bewachte ein frommes Lamm. Ihn erblickte Lykodes, der gleichfalls an Haar, Schnauze und Ohren einem Wolfe ähnlicher war als einem Hunde, und fuhr auf ihn los. Wolf, schrie er, was machst du mit diesem Lamme? –

Wolf selbst!, versetzte Hylax. (Die Hunde verkannten sich beide.) Geh! Oder du sollst es erfahren, dass ich sein Beschützer bin!

Doch Lykodes will das Lamm dem Hylax mit Gewalt nehmen; Hylax will es mit Gewalt behaupten, und das arme Lamm – treffliche Beschützer! – wird darüber zerrissen.

12. Jupiter und Apollo

Fab. Aesop. 187.

Jupiter und Apollo stritten, welcher von ihnen der beste Bogenschütze sei. Lass uns die Probe machen!, sagte Apollo. Er spannte seinen Bogen und schoss so mitten in das bemerkte Ziel, dass Jupiter keine Möglichkeit sahe, ihn zu übertreffen. – Ich sehe, sprach er, dass du wirklich sehr wohl schießest. Ich werde Mühe haben, es besser zu machen. Doch will ich es ein andermal versuchen. – Er soll es noch versuchen, der kluge Jupiter!

13. Die Wasserschlange

Fab. Aesop. 167. Phaedrus lib. I. Fab. 2.

Zeus hatte nunmehr den Fröschen einen andern König gegeben; anstatt eines friedlichen Klotzes eine gefräßige Wasserschlange.

Willst du unser König sein, schrien die Frösche, warum verschlingst du uns? – Darum, antwortete die Schlange, weil ihr um mich gebeten habt. –

Ich habe nicht um dich gebeten!, rief einer von den Fröschen, den sie schon mit den Augen verschlang. – Nicht?, sagte die Wasserschlange. Desto schlimmer! So muss ich dich verschlingen, weil du nicht um mich gebeten hast.

14. Der Fuchs und die Larve

Fab. Aesop. 11. Phaedrus lib. I. Fab. 7.

Vor alten Zeiten fand ein Fuchs die hohle, einen weiten Mund aufreißende Larve eines Schauspielers. Welch ein Kopf!, sagte der betrachtende Fuchs. Ohne Gehirn, und mit einem offenen Munde! Sollte das nicht der Kopf eines Schwätzers gewesen sein?

Dieser Fuchs kannte euch, ihr ewigen Redner, ihr Strafgerichte des unschuldigsten unserer Sinne!

15. Der Rabe und der Fuchs

Fab. Aesop. 205. Phaedrus lib. I. Fab. 13.

Ein Rabe trug ein Stück vergiftetes Fleisch, das der erzürnte Gärtner für die Katzen seines Nachbarn hingeworfen hatte, in seinen Klauen fort.

Und eben wollte er es auf einer alten Eiche verzehren, als sich ein Fuchs herbeischlich und ihm zurief: Sei mir gesegnet, Vogel des Jupiters! – Für wen siehst du mich an?, fragte der Rabe. – Für wen ich dich ansehe?, erwiderte der Fuchs. Bist du nicht der rüstige Adler, der täglich von der Rechte des Zeus auf diese Eiche herabkömmt, mich Armen zu speisen? Warum verstellst du dich? Sehe ich denn nicht in der siegreichen Klaue die erflehte Gabe, die mir dein Gott durch dich zu schicken noch fortfährt?

Der Rabe erstaunte und freuete sich innig, für einen Adler gehalten zu werden. Ich muss, dachte er, den Fuchs aus diesem Irrtume nicht bringen. – Großmütig dumm ließ er ihm also seinen Raub herabfallen und flog stolz davon.

Der Fuchs fing das Fleisch lachend auf und fraß es mit boshafter Freude. Doch bald verkehrte sich die Freude in ein schmerzhaftes Gefühl; das Gift fing an zu wirken, und er verreckte.

Möchtet ihr euch nie etwas anders als Gift erloben, verdammte Schmeichler!

16. *Der Geizige*

Fab. Aesop. 59.

Ich Unglücklicher!, klagte ein Geizhals seinem Nachbar. Man hat mir den Schatz, den ich in meinem Garten vergraben hatte, diese Nacht entwendet und einen verdammten Stein an dessen Stelle gelegt.

Du würdest, antwortete ihm der Nachbar, deinen Schatz doch nicht genutzt haben. Bilde dir also ein, der Stein sei dein Schatz, und du bist nichts ärmer.

Wäre ich auch schon nichts ärmer, erwiderte der Geizhals, ist ein andrer nicht um so viel reicher? Ein andrer um so viel reicher! Ich möchte rasend werden.

17. Der Rabe

Fab. Aesop. 132.

Der Fuchs sahe, dass der Rabe die Altäre der Götter beraubte und von ihren Opfern mitlebte. Da dachte er bei sich selbst: Ich möchte wohl wissen, ob der Rabe Anteil an den Opfern hat, weil er ein prophetischer Vogel ist, oder ob man ihn für einen prophetischen Vogel hält, weil er frech genug ist, die Opfer mit den Göttern zu teilen.

18. Zeus und das Schaf

Fab. Aesop. 119.

Das Schaf musste von allen Tieren vieles leiden. Da trat es vor den Zeus und bat, sein Elend zu mindern.

Zeus schien willig und sprach zu dem Schafe: Ich sehe wohl, mein frommes Geschöpf, ich habe dich allzu wehrlos erschaffen. Nun wähle, wie ich diesem Fehler am besten abhelfen soll. Soll ich deinen Mund mit schrecklichen Zähnen und deine Füße mit Krallen rüsten? –

O nein, sagte das Schaf, ich will nichts mit den reißenden Tieren gemein haben.

Oder, fuhr Zeus fort, soll ich Gift in deinen Speichel legen?

Ach!, versetzte das Schaf, die giftigen Schlangen werden ja so sehr gehasset. –

Nun, was soll ich denn? Ich will Hörner auf deine Stirne pflanzen, und Stärke deinem Nacken geben.

Auch nicht, gütiger Vater, ich könnte leicht so stößig werden als der Bock.

Und gleichwohl, sprach Zeus, musst du selbst schaden können, wenn sich andere, dir zu schaden, hüten sollen.

Müsst ich das!, seufzte das Schaf. O so lass mich, gütiger Vater, wie ich bin. Denn das Vermögen, schaden zu können, erweckt, fürchte ich, die Lust, schaden zu wollen; und es ist besser Unrecht leiden als Unrecht tun.

Zeus segnete das fromme Schaf, und es vergaß von Stund an zu klagen.

19. *Der Fuchs und der Tiger*

Fab. Aesop. 159.

Deine Geschwindigkeit und Stärke, sagte ein Fuchs zu dem Tiger, möchte ich mir wohl wünschen.

Und sonst hätte ich nichts, was dir anstünde?, fragte der Tiger.

Ich wüsste nichts! – – Auch mein schönes Fell nicht?, fuhr der Tiger fort. Es ist so vielfarbig als dein Gemüt, und das Äußere würde sich vortrefflich zu dem Innern schicken.

Eben darum, versetzte der Fuchs, danke ich recht sehr dafür. Ich muss das nicht scheinen, was ich bin. Aber wollten die Götter, dass ich meine Haare mit Federn vertauschen könnte!

20. *Der Mann und der Hund*

Fab. Aesop. 25. Phaedrus lib. II. Fab. 3.

Ein Mann ward von einem Hunde gebissen, geriet darüber in Zorn und erschlug den Hund. Die Wunde schien gefährlich, und der Arzt musste zurate gezogen werden.

Hier weiß ich kein besseres Mittel, sagte der Empiricus, als dass man ein Stücke Brot in die Wunde tauche und es dem Hunde zu fressen gebe. Hilft diese sympathetische Kur nicht, so – Hier zuckte der Arzt die Achsel.

Unglücklicher Jähzorn!, rief der Mann, sie kann nicht helfen, denn ich habe den Hund erschlagen.

21. *Die Traube*

Fab. Aesop. 156. Phaedrus lib. IV. Fab. 2.

Ich kenne einen Dichter, dem die schreiende Bewunderung seiner kleinen Nachahmer weit mehr geschadet hat als die neidische Verachtung seiner Kunstrichter.

Sie ist ja doch sauer!, sagte der Fuchs von der Traube, nach der er lange genug vergebens gesprungen war. Das hörte ein Sperling und sprach: Sauer sollte diese Traube sein? Darnach sieht sie mir doch nicht aus! Er flog hin und kostete und fand sie ungemein süße und rief hundert näschige Brüder herbei. Kostet doch!, schrie er, kostet doch! Diese treffliche Traube schalt der Fuchs sauer. – Sie kosteten alle, und in wenig Augenblicken ward die Traube so zugerichtet, dass nie ein Fuchs wieder darnach sprang.

22. Der Fuchs

Fab. Aesop. 8.

Ein verfolgter Fuchs rettete sich auf eine Mauer. Um auf der andern Seite gut herabzukommen, ergriff er einen nahen Dornenstrauch. Er ließ sich auch glücklich daran nieder, nur dass ihn die Dornen schmerzlich verwundeten. Elende Helfer, rief der Fuchs, die nicht helfen können, ohne zugleich zu schaden!

23. Das Schaf

Fab. Aesop. 189.

Als Jupiter das Fest seiner Vermählung feierte und alle Tiere ihm Geschenke brachten, vermisste Juno das Schaf.

Wo bleibt das Schaf?, fragte die Göttin. Warum versäumt das fromme Schaf, uns sein wohlmeinendes Geschenk zu bringen?

Und der Hund nahm das Wort und sprach: Zürne nicht, Göttin! Ich habe das Schaf noch heute gesehen; es war sehr betrübt und jammerte laut.

Und warum jammerte das Schaf?, fragte die schon gerührte Göttin.

Ich Ärmste!, so sprach es. Ich habe itzt weder Wolle noch Milch; was werde ich dem Jupiter schenken? Soll ich, ich allein, leer vor ihm erscheinen? Lieber will ich hingehen und den Hirten bitten, dass er mich ihm opfere!

Indem drang, mit des Hirten Gebete, der Rauch des geopferten Schafes, dem Jupiter ein süßer Geruch, durch die Wolken. Und itzt hätte Juno die erste Träne geweinet, wenn Tränen ein unsterbliches Auge benetzten.

24. Die Ziegen

Phaedrus lib. IV. Fab. 15.

Die Ziegen baten den Zeus, auch ihnen Hörner zu geben; denn anfangs hatten die Ziegen keine Hörner.

Überlegt es wohl, was ihr bittet, sagte Zeus. Es ist mit dem Geschenke der Hörner ein anderes unzertrennlich verbunden, das euch so angenehm nicht sein möchte.

Doch die Ziegen beharrten auf ihrer Bitte, und Zeus sprach: So habet denn Hörner!

Und die Ziegen bekamen Hörner – und Bart! Denn anfangs hatten die Ziegen auch keinen Bart. O wie schmerzte sie der hässliche Bart! Weit mehr, als sie die stolzen Hörner erfreuten!

25. Der wilde Apfelbaum

Fab. Aesop. 173.

In den hohlen Stamm eines wilden Apfelbaumes ließ sich ein Schwarm Bienen nieder. Sie füllten ihn mit den

Schätzen ihres Honigs, und der Baum ward so stolz darauf, dass er alle anderen Bäume gegen sich verachtete. Da rief ihm ein Rosenstock zu: Elender Stolz auf geliehene Süßigkeiten! Ist deine Frucht darum weniger herbe? In diese treibe den Honig herauf, wenn du es vermagst, und dann erst wird der Mensch dich segnen!

26. Der Hirsch und der Fuchs

Fab. Aesop. 226. Phaedrus lib. I. Fab. 11. et lib. I. Fab. 5.

Der Hirsch sprach zu dem Fuchse: Nun wehe uns armen schwächern Tieren! Der Löwe hat sich mit dem Wolfe verbunden.

Mit dem Wolfe?, sagte der Fuchs. Das mag noch hingehen! Der Löwe brüllet, der Wolf heulet, und so werdet ihr euch noch oft beizeiten mit der Flucht retten können. Aber alsdenn, alsdenn möchte es um uns alle geschehen sein, wenn es dem gewaltigen Löwen einfallen sollte, sich mit dem schleichenden Luchse zu verbinden.

27. Der Dornstrauch

Fab. Aesop. 42.

Aber sage mir doch, fragte die Weide den Dornstrauch, warum du nach den Kleidern des vorbeigehenden Menschen so begierig bist? Was willst du damit? Was können sie dir helfen?

Nichts!, sagte der Dornstrauch. Ich will sie ihm auch nicht nehmen; ich will sie ihm nur zerreißen.

28. Die Furien

Suidas in Αειπαρθενος.

Meine Furien, sagte Pluto zu dem Boten der Götter, werden alt und stumpf. Ich brauche frische. Geh also, Merkur, und suche mir auf der Oberwelt drei tüchtige Weibspersonen dazu aus. Merkur ging. –

Kurz hierauf sagte Juno zu ihrer Dienerin: Glaubtest du wohl, Iris, unter den Sterblichen zwei oder drei vollkommen strenge, züchtige Mädchen zu finden? Aber vollkommen strenge! Verstehst du mich? Um Kytheren Hohn zu sprechen, die sich, das ganze weibliche Geschlecht unterworfen zu haben, rühmet. Geh immer und sieh, wo du sie auftreibest. Iris ging. –

In welchem Winkel der Erde suchte nicht die gute Iris! Und dennoch umsonst! Sie kam ganz allein wieder, und Juno rief ihr entgegen: Ist es möglich? O Keuschheit! O Tugend!

Göttin, sagte Iris, ich hätte dir wohl drei Mädchen bringen können, die alle drei vollkommen streng und züchtig gewesen, die alle drei nie einer Mannsperson gelächelt, die alle drei den geringsten Funken der Liebe in ihren Herzen erstickt: Aber ich kam, leider, zu spät. –

Zu spät?, sagte Juno. Wieso?

»Eben hatte sie Merkur für den Pluto abgeholt.«

Für den Pluto? Und wozu will Pluto diese Tugendhaften? –

»Zu Furien.«

29. *Tiresias*

Antoninus Liberalis c. 17.

Tiresias nahm seinen Stab und ging über Feld. Sein Weg trug ihn durch einen heiligen Hain, und mitten in dem Haine, wo drei Wege einander durchkreuzten, ward er ein Paar Schlangen gewahr, die sich begatteten. Da hub Tiresias seinen Stab auf und schlug unter die verliebten Schlangen. – Aber, o Wunder! Indem der Stab auf die Schlangen herabsank, ward Tiresias zum Weibe.

Nach neun Monden ging das Weib Tiresias wieder durch den heiligen Hain; und an eben dem Orte, wo die drei Wege einander durchkreuzten, ward sie ein Paar Schlangen gewahr, die miteinander kämpften. Da hub Tiresias abermals ihren Stab auf und schlug unter die ergrimmten Schlangen, und – o Wunder! Indem der Stab die kämpfenden Schlangen schied, ward das Weib Tiresias wieder zum Manne.

30. *Minerva*

Lass sie doch, Freund, lass sie, die kleinen hämischen Neider deines wachsenden Ruhmes! Warum will dein Witz ihre der Vergessenheit bestimmte Namen verewigen?

In dem unsinnigen Kriege, welchen die Riesen wider die Götter führten, stellten die Riesen der Minerva einen schrecklichen Drachen entgegen. Minerva aber ergriff den Drachen und schleuderte ihn mit gewaltiger Hand an das Firmament. Da glänzt er noch; und was so oft großer Taten Belohnung war, ward des Drachen beneidenswürdige Strafe.

DRITTES BUCH

1. Der Besitzer des Bogens

Ein Mann hatte einen trefflichen Bogen von Ebenholz, mit dem er sehr weit und sehr sicher schoss und den er ungemein wert hielt. Einst aber, als er ihn aufmerksam betrachtete, sprach er: Ein wenig zu plump bist du doch! Alle deine Zierde ist die Glätte. Schade! – Doch dem ist abzuhelfen, fiel ihm ein. Ich will hingehen und den besten Künstler Bilder in den Bogen schnitzen lassen. – Er ging hin, und der Künstler schnitzte eine ganze Jagd auf den Bogen, und was hätte sich besser auf einen Bogen geschickt als eine Jagd?

Der Mann war voller Freuden. »Du verdienest diese Zieraten, mein lieber Bogen!« – Indem will er ihn versuchen, er spannt, und der Bogen – zerbricht.

2. Die Nachtigall und die Lerche

Was soll man zu den Dichtern sagen, die so gern ihren Flug weit über alle Fassung des größten Teiles ihrer Leser nehmen? Was sonst, als was die Nachtigall einst zu der Lerche sagte: Schwingst du dich, Freundin, nur darum so hoch, um nicht gehört zu werden?

3. Der Geist des Salomo

Ein ehrlicher Greis trug des Tages Last und Hitze, sein Feld mit eigner Hand zu pflügen und mit eigner Hand den reinen Samen in den lockern Schoß der willigen Erde zu streuen.

Auf einmal stand, unter dem breiten Schatten einer Linde, eine göttliche Erscheinung vor ihm da! Der Greis stutzte.

Ich bin Salomo, sagte mit vertraulicher Stimme das Phantom. Was machst du hier, Alter?

Wenn du Salomo bist, versetzte der Alte, wie kannst du fragen? Du schicktest mich in meiner Jugend zu der Ameise; ich sähe ihren Wandel und lernte von ihr fleißig sein und sammeln. Was ich da lernte, das tue ich noch. –

Du hast deine Lektion nur halb gelernet, versetzte der Geist. Geh noch einmal hin zur Ameise, und lerne nun auch von ihr in dem Winter deiner Jahre ruhen und des Gesammelten genießen.

4. Das Geschenk der Feien

Zu der Wiege eines jungen Prinzen, der in der Folge einer der größten Regenten seines Landes ward, traten zwei wohltätige Feien.

Ich schenke diesem meinem Lieblinge, sagte die eine, den scharfsichtigen Blick des Adlers, dem in seinem weiten Reiche auch die kleinste Mücke nicht entgeht.

Das Geschenk ist schön, unterbrach sie die zweite Feie. Der Prinz wird ein einsichtsvoller Monarch werden. Aber der Adler besitzt nicht allein Scharfsichtigkeit, die kleinsten Mücken zu bemerken, er besitzt auch eine edle Verachtung, ihnen nicht nachzujagen. Und diese nehme der Prinz von mir zum Geschenk!

Ich danke dir, Schwester, für diese weise Einschränkung, versetzte die erste Feie. Es ist wahr, viele würden weit größere Könige gewesen sein, wenn sie sich weniger mit ihrem durchdringenden Verstande bis zu den kleinsten Angelegenheiten hätten erniedrigen wollen.

5. *Das Schaf und die Schwalbe*

Η χελιδων – ἐπι τα νωτα των προβατων ἰζανει, και ἀποσπᾳ· του μαλλου, και ἐντευϑεν τοις ἑαυτης βρεφεσι το λεχος μαλακον ἐστρωσεν. Aelianus lib. III. c. 24.

Eine Schwalbe flog auf ein Schaf, ihm ein wenig Wolle, für ihr Nest, auszurupfen. Das Schaf sprang unwillig hin und wider. Wie bist du denn nur gegen mich so karg?, sagte die Schwalbe. Dem Hirten erlaubst du, dass er dich deiner Wolle über und über entblößen darf, und mir verweigerst du eine kleine Flocke. Woher kömmt das?

Das kömmt daher, antwortete das Schaf, weil du mir meine Wolle nicht mit ebenso guter Art zu nehmen weißt als der Hirte.

6. Der Rabe

Der Rabe bemerkte, dass der Adler ganze dreißig Tage über seinen Eiern brütete. Und daher kömmt es, ohne Zweifel, sprach er, dass die Jungen des Adlers so allsehend und stark werden. Gut! Das will ich auch tun.

Und seitdem brütet der Rabe wirklich ganze dreißig Tage über seinen Eiern; aber noch hat er nichts als elende Raben ausgebrütet.

Der Rangstreit der Tiere

in vier Fabeln

7.

Es entstand ein hitziger Rangstreit unter den Tieren. Ihn zu schlichten, sprach das Pferd, lasset uns den Menschen zurate ziehen; er ist keiner von den streitenden Teilen und kann desto unparteiischer sein.

Aber hat er auch den Verstand dazu?, ließ sich ein Maulwurf hören. Er braucht wirklich den allerfeinsten, unsere oft tief versteckte Vollkommenheiten zu erkennen.

Das war sehr weislich erinnert!, sprach der Hamster.

Jawohl!, rief auch der Igel. Ich glaube es nimmermehr, dass der Mensch Scharfsichtigkeit genug besitzet.

Schweigt ihr!, befahl das Pferd. Wir wissen es schon: Wer sich auf die Güte seiner Sache am wenigsten zu verlassen hat, ist immer am fertigsten, die Einsicht seines Richters in Zweifel zu ziehen.

8.

Der Mensch ward Richter. – Noch ein Wort, rief ihm der majestätische Löwe zu, bevor du den Ausspruch tust! Nach welcher Regel, Mensch, willst du unsern Wert bestimmen?

Nach welcher Regel? Nach dem Grade, ohne Zweifel, antwortete der Mensch, in welchem ihr mir mehr oder weniger nützlich seid. –

Vortrefflich!, versetzte der beleidigte Löwe. Wie weit würde ich alsdenn unter dem Esel zu stehen kommen! Du kannst unser Richter nicht sein, Mensch! Verlass die Versammlung!

9.

Der Mensch entfernte sich. – Nun, sprach der höhnische Maulwurf – (und ihm stimmte der Hamster und der Igel wieder bei) –, siehst du, Pferd? Der Löwe meint es auch, dass der Mensch unser Richter nicht sein kann. Der Löwe denkt wie wir.

Aber aus bessern Gründen als ihr!, sagte der Löwe und warf ihnen einen verächtlichen Blick zu.

10.

Der Löwe fuhr weiter fort: Der Rangstreit, wenn ich es recht überlege, ist ein nichtswürdiger Streit! Haltet mich für den Vornehmsten oder für den Geringsten; es gilt mir gleich viel. Genug ich kenne mich! – Und so ging er aus der Versammlung.

Ihm folgte der weise Elefant, der kühne Tiger, der ernsthafte Bär, der kluge Fuchs, das edle Pferd; kurz, alle, die ihren Wert fühlten oder zu fühlen glaubten.

Die sich am letzten wegbegaben und über die zerrissene Versammlung am meisten murreten, waren – der Affe und der Esel.

11. *Der Bär und der Elefant*

Aelianus de nat. animal. lib. II. cap. 11.

Die unverständigen Menschen!, sagte der Bär zu dem Elefanten. Was fordern sie nicht alles von uns bessern Tieren! Ich muss nach der Musik tanzen, ich, der ernsthafte Bär! Und sie wissen es doch nur allzu wohl, dass sich solche Possen zu meinem ehrwürdigen Wesen nicht schicken; denn warum lachten sie sonst, wenn ich tanze?

Ich tanze auch nach der Musik, versetzte der gelehrige Elefant, und glaube ebenso ernsthaft und ehrwürdig zu sein als du. Gleichwohl haben die Zuschauer nie über mich gelacht, freudige Bewunderung bloß war auf ihren Gesichtern zu lesen. Glaube mir also, Bär, die Menschen lachen nicht darüber, dass du tanzest, sondern darüber, dass du dich so albern dazu anschickst.

12. Der Strauß

Das pfeilschnelle Renntier sahe den Strauß und sprach: Das Laufen des Straußes ist so außerordentlich eben nicht, aber ohne Zweifel fliegt er desto besser.

Ein andermal sahe der Adler den Strauß und sprach: Fliegen kann der Strauß nun wohl nicht, aber ich glaube, er muss gut laufen können.

Die Wohltaten

in zwei Fabeln

13.

Hast du wohl einen größern Wohltäter unter den Tieren als uns?, fragte die Biene den Menschen.

Jawohl!, erwiderte dieser.

»Und wen?«

Das Schaf! Denn seine Wolle ist mir notwendig, und dein Honig ist mir nur angenehm.

14.

Und willst du noch einen Grund wissen, warum ich das Schaf für meinen größern Wohltäter halte als dich Biene? Das Schaf schenket mir seine Wolle ohne die geringste Schwierigkeit, aber wenn du mir deinen Honig schenkest, muss ich mich noch immer vor deinem Stachel fürchten.

15. *Die Eiche*

Der rasende Nordwind hatte seine Stärke in einer stürmischen Nacht an einer erhabenen Eiche bewiesen. Nun lag sie gestreckt, und eine Menge niedriger Sträuche lagen unter ihr zerschmettert. Ein Fuchs, der seine Grube nicht weit davon hatte, sahe sie des Morgens darauf. Was für ein Baum!, rief er. Hätte ich doch nimmermehr gedacht, dass er so groß gewesen wäre.

Die Geschichte des alten Wolfs

in sieben Fabeln

Aelianus lib. IV. cap. 15.

16.

Der böse Wolf war zu Jahren gekommen und fasste den gleißenden Entschluss, mit den Schäfern auf einem gütlichen Fuß zu leben. Er machte sich also auf und kam zu dem Schäfer, dessen Horden seiner Höhle die nächsten waren.

Schäfer, sprach er, du nennest mich den blutgierigen Räuber, der ich doch wirklich nicht bin. Freilich muss ich mich an deine Schafe halten, wenn mich hungert; denn Hunger tut weh. Schütze mich nur vor dem Hunger, mache mich nur satt, und du sollst mit mir recht wohl zufrieden sein. Denn ich bin wirklich das zahmste, sanftmütigste Tier, wenn ich satt bin.

Wenn du satt bist? Das kann wohl sein, versetzte der Schäfer. Aber wann bist du denn satt? Du und der Geiz werden es nie. Geh deinen Weg!

17.

Der abgewiesene Wolf kam zu einem zweiten Schäfer.

Du weißt Schäfer, war seine Anrede, dass ich dir, das Jahr durch, manches Schaf würgen könnte. Willst du mir überhaupt jedes Jahr sechs Schafe geben, so bin ich zufrieden. Du kannst alsdenn sicher schlafen und die Hunde ohne Bedenken abschaffen.

Sechs Schafe?, sprach der Schäfer. Das ist ja eine ganze Herde! –

Nun, weil du es bist, so will ich mich mit fünfen begnügen, sagte der Wolf.

»Du scherzest, fünf Schafe! Mehr als fünf Schafe opfre ich kaum im ganzen Jahre dem Pan.«

Auch nicht viere?, fragte der Wolf weiter, und der Schäfer schüttelte spöttisch den Kopf.

»Drei? – Zwei? – –«

Nicht ein einziges, fiel endlich der Bescheid. Denn es wäre ja wohl töricht, wenn ich mich einem Feinde zinsbar machte, vor welchem ich mich durch meine Wachsamkeit sichern kann.

18.

Aller guten Dinge sind drei, dachte der Wolf und kam zu einem dritten Schäfer.

Es geht mir recht nahe, sprach er, dass ich unter euch Schäfern als das grausamste, gewissenloseste Tier verschrien bin. Dir, Montan, will ich itzt beweisen, wie unrecht man mir tut. Gib mir jährlich ein Schaf, so soll deine Herde in jenem Walde, den niemand unsicher macht als ich, frei und unbeschädiget weiden dürfen. Ein Schaf! Welche Kleinigkeit! Könnte ich großmütiger, könnte ich uneigennütziger handeln? – Du lachst, Schäfer? Worüber lachst du denn?

Oh, über nichts! Aber wie alt bist du, guter Freund?, sprach der Schäfer.

»Was geht dich mein Alter an? Immer noch alt genug, dir deine liebsten Lämmer zu würgen.«

Erzürne dich nicht, alter Isegrim! Es tut mir leid, dass du mit deinem Vorschlage einige Jahre zu späte kömmst. Deine ausgebissenen Zähne verraten dich. Du spielst den Uneigennützigen, bloß um dich desto gemächlicher, mit desto weniger Gefahr nähren zu können.

19.

Der Wolf ward ärgerlich, fasste sich aber doch und ging auch zu dem vierten Schäfer. Diesem war eben sein treuer Hund gestorben, und der Wolf machte sich den Umstand zunutze.

Schäfer, sprach er, ich habe mich mit meinen Brüdern in dem Walde vereinigt, und so, dass ich mich in

Ewigkeit nicht wieder mit ihnen aussöhnen werde. Du weißt, wie viel du von ihnen zu fürchten hast! Wenn du mich aber anstatt deines verstorbenen Hundes in Dienste nehmen willst, so stehe ich dir dafür, dass sie keines deiner Schafe auch nur scheel ansehen sollen.

Du willst sie also, versetzte der Schäfer, gegen deine Brüder im Walde beschützen? –

»Was meine ich denn sonst? Freilich.«

Das wäre nicht übel! Aber, wenn ich dich nun in meine Horden einnähme, sage mir doch, wer sollte alsdenn meine armen Schafe gegen dich beschützen? Einen Dieb ins Haus nehmen, um vor den Dieben außer dem Hause sicher zu sein, das halten wir Menschen – –

Ich höre schon, sagte der Wolf, du fängst an zu moralisieren. Lebe wohl!

20.

Wäre ich nicht so alt!, knirschte der Wolf. Aber ich muss mich, leider, in die Zeit schicken. Und so kam er zu dem fünften Schäfer.

Kennst du mich, Schäfer?, fragte der Wolf.

Deinesgleichen wenigstens kenne ich, versetzte der Schäfer.

»Meinesgleichen? Daran zweifle ich sehr. Ich bin ein so sonderbarer Wolf, dass ich deiner und aller Schäfer Freundschaft wohl wert bin.«

Und wie sonderbar bist du denn?

»Ich könnte kein lebendiges Schaf würgen und fressen, und wenn es mir das Leben kosten sollte. Ich nähre mich bloß mit toten Schafen. Ist das nicht löblich? Erlaube mir also immer, dass ich mich dann und wann bei deiner Herde einfinden und nachfragen darf, ob dir nicht –«

Spare der Worte!, sagte der Schäfer. Du müsstest gar keine Schafe fressen, auch nicht einmal tote, wenn ich dein Feind nicht sein sollte. Ein Tier, das mir schon tote Schafe frisst, lernt leicht aus Hunger kranke Schafe für tot und gesunde für krank ansehen. Mache auf meine Freundschaft also keine Rechnung, und geh!

21.

Ich muss nun schon mein Liebstes daranwenden, um zu meinem Zwecke zu gelangen!, dachte der Wolf und kam zu dem sechsten Schäfer.

Schäfer, wie gefällt dir mein Belz?, fragte der Wolf.

Dein Belz?, sagte der Schäfer. Lass sehen! Er ist schön, die Hunde müssen dich nicht oft unter gehabt haben.

»Nun, so höre, Schäfer, ich bin alt und werde es so lange nicht mehr treiben. Füttere mich zu Tode, und ich vermache dir meinen Belz.«

Ei sieh doch!, sagte der Schäfer. Kömmst du auch hinter die Schliche der alten Geizhälse? Nein, nein, dein Belz würde mich am Ende siebenmal mehr kosten, als er wert wäre. Ist es dir aber ein Ernst, mir ein Geschenk zu machen, so gib mir ihn gleich itzt. – Hiermit griff der Schäfer nach der Keule, und der Wolf flohe.

22.

O die Unbarmherzigen!, schrie der Wolf und geriet in die äußerste Wut. So will ich auch als ihr Feind sterben, ehe mich der Hunger tötet; denn sie wollen es nicht besser!

Er lief, brach in die Wohnungen der Schäfer ein, riss ihre Kinder nieder und ward nicht ohne große Mühe von den Schäfern erschlagen.

Da sprach der Weiseste von ihnen: Wir taten doch wohl unrecht, dass wir den alten Räuber auf das Äußerste brachten und ihm alle Mittel zur Besserung, so spät und erzwungen sie auch war, benahmen!

23. *Die Maus*

Eine philosophische Maus pries die gütige Natur, dass sie die Mäuse zu einem so vorzüglichen Gegenstande ihrer Erhaltung gemacht habe. Denn eine Hälfte von uns, sprach sie, erhielt von ihr Flügel, dass, wenn wir hier unten auch alle von den Katzen ausgerottet würden, sie doch mit leichter Mühe aus den Fledermäusen unser ausgerottetes Geschlecht wiederherstellen könnte. Die gute Maus wusste nicht, dass es auch geflügelte Katzen gibt. Und so beruhet unser Stolz meistens auf unsrer Unwissenheit!

24. Die Schwalbe

Glaubet mir, Freunde, die große Welt ist nicht für den Weisen, ist nicht für den Dichter! Man kennet da ihren wahren Wert nicht, und ach! Sie sind oft schwach genug, ihn mit einem nichtigen zu vertauschen.

In den ersten Zeiten war die Schwalbe ein ebenso tonreicher, melodischer Vogel als die Nachtigall. Sie ward es aber bald müde, in den einsamen Büschen zu wohnen und da von niemand als dem fleißigen Landmanne und der unschuldigen Schäferin gehöret und bewundert zu werden. Sie verließ ihre demütigere Freundin und zog in die Stadt. – Was geschah? Weil man in der Stadt nicht Zeit hatte, ihr göttliches Lied zu hören, so verlernte sie es nach und nach und lernte dafür – bauen.

25. Der Adler

Man fragte den Adler: Warum erziehest du deine Jungen so hoch in der Luft?

Der Adler antwortete: Würden sie sich, erwachsen, so nahe zur Sonne wagen, wenn ich sie tief an der Erde erzöge?

26. Der junge und der alte Hirsch

Ein Hirsch, den die gütige Natur Jahrhunderte leben lassen, sagte einst zu einem seiner Enkel: Ich kann mich der Zeit noch sehr wohl erinnern, da der Mensch das donnernde Feuerrohr noch nicht erfunden hatte.

Welche glückliche Zeit muss das für unser Geschlecht gewesen sein!, seufzete der Enkel.

Du schließest zu geschwind!, sagte der alte Hirsch. Die Zeit war anders, aber nicht besser. Der Mensch hatte da anstatt des Feuerrohres Pfeile und Bogen, und wir waren ebenso schlimm daran als itzt.

27. Der Pfau und der Hahn

Einst sprach der Pfau zu der Henne: Sieh einmal, wie hochmütig und trotzig dein Hahn einhertritt! Und doch sagen die Menschen nicht: der stolze Hahn, sondern nur immer: der stolze Pfau.

Das macht, sagte die Henne, weil der Mensch einen gegründeten Stolz übersiehet. Der Hahn ist auf seine Wachsamkeit, auf seine Mannheit stolz, aber worauf du? – Auf Farben und Federn.

28. Der Hirsch

Die Natur hatte einen Hirsch von mehr als gewöhnlicher Größe gebildet, und an dem Halse hingen ihm lange Haare herab. Da dachte der Hirsch bei sich selbst: Du könntest dich ja wohl für ein Elend ansehen lassen. Und was tat der Eitele, ein Elend zu scheinen? Er hing den Kopf traurig zur Erde und stellte sich, sehr oft das böse Wesen zu haben.

So glaubt nicht selten ein witziger Geck, dass man ihn für keinen schönen Geist halten werde, wenn er nicht über Kopfweh und Hypochonder klage.

29. Der Adler und der Fuchs

Sei auf deinen Flug nicht so stolz!, sagte der Fuchs zu dem Adler. Du steigst doch nur deswegen so hoch in die Luft, um dich desto weiter nach einem Aase umsehen zu können.

So kenne ich Männer, die tiefsinnige Weltweise geworden sind, nicht aus Liebe zur Wahrheit, sondern aus Begierde zu einem einträglichen Lehramte.

30. Der Schäfer und die Nachtigall

Du zürnest, Liebling der Musen, über die laute Menge des parnassischen Geschmeißes? – O höre von mir, was einst die Nachtigall hören musste.

Singe doch, liebe Nachtigall!, rief ein Schäfer der schweigenden Sängerin, an einem lieblichen Frühlingsabende, zu.

Ach, sagte die Nachtigall, die Frösche machen sich so laut, dass ich alle Lust zum Singen verliere. Hörest du sie nicht?

Ich höre sie freilich, versetzte der Schäfer. Aber nur dein Schweigen ist schuld, dass ich sie höre.

ANHANG

I. Fabeln aus *Lessings Schriften* (1753)

1. Der Riese

Ein rebellischer Riese schoss seinen vergifteten Pfeil über sich in den Himmel, niemand Geringerm als einem Gott das Leben damit zu rauben. Der Pfeil floh in die unermessenste Ferne, in welcher ihm auch der schärfere Blick des Riesens nicht folgen konnte. Schon glaubte der Rasende sein Ziel getroffen zu haben und fing an, ein gotteslästerliches Triumphlied zu jauchzen. Endlich aber gebrach dem Pfeile die mitgeteilte Kraft der schnellenden Sehne; er fiel mit einer stets wachsenden Wucht wieder herab und tötete seinen frevelnden Schützen.

Unsinnige Spötter der Religion, eure Zungenpfeile fallen weit unter ihrem ewigen Throne wieder zurück, und eure eigne Lästerungen sind es, die sie an euch rächen werden.

2. Der Falke

Des einen Glück ist in der Welt des andern Unglück. Eine alte Wahrheit, wird man sagen. Die aber, antworte ich, wichtig genug ist, dass man sie mit einer neuen Fabel erläutert.

Ein blutgieriger Falke schoss einem unschuldigen Taubenpaare nach, die sein Anblick eben in den vertrautesten Kennzeichen der Liebe gestört hatte. Schon war er ihnen so nah, dass alle Rettung unmöglich schien, schon gurrten sich die zärtlichen Freunde ihren Abschied zu. Doch schnell wirft der Falke einen Blick aus der Höhe und wird unter sich einen Hasen gewahr. Er vergaß die Tauben, stürzte sich herab und machte diesen zu seiner bessern Beute.

3. *Damon und Theodor*

Der schwarze Himmel drohte der Welt den fürchterlichsten Beschluss des schönsten Sommertages. Noch ruhten Damon und Theodor unter einer kühlenden Laube; zwei Freunde, die der Welt ein rares Beispiel würden gewesen sein, wenn sie die Welt zum Zeugen ihrer Freundschaft gebraucht hätten. Einer fand in des andern Umarmungen, was der Himmel nur die Tugendhaften finden lässt. Ihre Seelen vermischten sich durch die zärtlichsten Gespräche, in welchen sich Scherz und Ernst unzertrennlich verknüpften. Der Donner rollte stürmisch in der Luft und beugte die Knie heuchlerischer Knechte. Was aber hat die Tugend zu fürchten, wenn Gott den Lasterhaften drohet? Damon und Theodor blieben geruhig – – – Doch schnell stand in dem Damon ein fürchterlicher Gedanke auf: Wie, wenn ein solcher Schlag mir meinen Freund von der Seite risse? – – So schnell als dieser Gedanke sein Herz mit Schrecken übergoss und die Heiterkeit aus seinen Blicken vertilgte, so schnell sah er ihn – – unerforschliches Schicksal! – – wahr gemacht. Theodor fiel tot zu seinen Füßen, und der Blitz kehrte triumphierend zurück. Rechte des Donnergottes, schrie Damon, wenn du auf mich gezielt hast, so hast du mich nur allzu wohl getroffen. Er zog sein Schwert aus und verschied auf seinem Freunde.

Zärtliche Seelen, werdet ihr dieser Geschichte eine heilige Träne zollen? Weinet, und empfindet in eurer lebhaften Vorstellung die Süßigkeit, mit einem Freunde zu sterben.

II. Fabeln aus Lessings Nachlass

1. *Der Schäferstab*

Schön war der Schäferstab des jungen Daphnis, von Zypressen war der schlanke Stab, der krönende Knopf Oleaster.

Und oh, was für Wunder hatte der aetolische Künstler um den Knopf geschnitzt; Daphnis gab ihm dafür drei Lämmer mit ihren säugenden Müttern, aber er war eine Herde, mehr als eine ganze Herde wert.

So wert hielt ihn auch Daphnis, werter wie seine zwei Augen, werter als Polyphem sein einziges Auge.

Lange Zeit schien ihm keine Hirtin so schön als sein Stab. Aber Amor erzürnte über den eiteln Jüngling – und Daphnis sahe die lächelnde Corysia.

Nun schien ihm eine Hirtin schöner als sein Stab! Er staunte, wünschte, gestand, flehte, weinte – blieb unerhört.

Unerhört bis an den dritten Abend. Da trieb Corysia spät bei ihm vorbei; die Dämmerung machte den Hirten kühner, die Hirtin gefälliger; er verdankte der Dämmerung zwei Küsse, halb geraubte, halb gegebene Küsse! – Oh, der Entzückung! Oh, der tobenden Freude des Hirten!

O Zwillinge der honigsüßen Lippen meiner Corysia! O unvergessliche Küsse! So rief Daphnis und wollte ihre Zahl mit zwei tiefen Kerben in die junge Linde schneiden, die er vor allen am heiligen Quell liebte.

Aber – fragte sich der Hirte – warum in die Linde? Kann ich immer unter der Linde liegen und die Kerbe im

Auge haben? Da steht sie fest und eingewurzelt, bestimmt, nur einen kleinen Umfang zu beschließen. – Sie kann nicht mit mir wohnen.

Aber mein Stab kann mit mir gehn – Mein schöner Stab so schöner Zeichen nicht unwürdig!

Und er schnitt – grausamer Hirt! – zwei tiefe Kerbe in den Stab, in der Form von Lippen, nahe unter dem Knopfe, wo die Hand gewöhnlich lag, und küsste und drückte den Ort, als ob es die weiche Hand der Corysia wäre, und fasste von nun an den Stab nirgends als über die Kerbe.

Nicht wenig günstig war dem Daphnis der folgende Tag, und der Stab bekam drei Lippen mehr, und den Morgen darauf sieben.

Wie freue ich mich, sprach er, dich bald vollendet zu sehen, bald voller kleiner Lippen. Corysia habe ich mit Untergang der Sonne in den Hain bestellt, die Nachtigall mit ihr zu hören – –

Das hast du getan Corysia? Zu gefällige Corysia! O brich dein Wort, wenn dir dein Schäfer lieb ist –

Umsonst, sie fanden sich im Haine! Und oh, der unzähligen Zahl von Küssen! Jeden Ton der Nachtigall begleitete ein Kuss. Mich jammert der Stab –

Gesättigt trennt sich mein Paar – – Morgen sind wir doch wieder hier?, sagte das Mädchen – und der Hirte ging und warf sich auf sein Lager von Fellen – – Er schläft, er erwacht. – Und was wird das Erste sein, als seinen Stab zu kerben? – – Doch er sahe die Unmöglichkeit, sie alle zu merken – und diese Unmöglichkeit, alle Küsse zu behalten, verwundete sie – Daphnis sprach kaltsinnig, schade, dass ich den schönen Stab so verdorben, ich will ihn nicht weiter verderben –

2. Der Naturalist

Ein Mann, der das Namenregister der Natur vollkommen innehatte, jede Pflanze und jedes dieser Pflanze eigenes Insekt zu nennen und auf mehr als eine Art zu nennen wusste, der den ganzen Tag Steine auflas, Schmetterlingen nachlief und seine Beute mit einer recht gelehrten Unempfindlichkeit spießte, so ein Mann, ein Naturalist – – (sie hören es gern, wenn man sie Naturforscher nennt) durchjagte den Wald und verweilte sich endlich bei einem Ameisehaufen. Er fing an darin zu wühlen, durchsuchte ihren eingesammelten Vorrat, betrachtete ihre Eier, deren er einige unter seine Mikroskope legte, und richtete, mit einem Worte, in diesem Staate der Emsigkeit und Vorsicht, keine geringe Verwüstung an.

Unterdessen wagte es eine Ameise, ihn anzureden. Bist du nicht etwa gar, sprach sie, einer von den Faulen, die Salomo zu uns schickt, dass sie unsre Weise sehen und von uns Fleiß und Arbeit lernen sollen?

Die alberne Ameise, einen Naturalisten für einen Faulen anzusehen.

3. Der Wolf und das Schaf

Der Durst trieb ein Schaf an den Fluss, eine gleiche Ursache führte auf der andern Seite einen Wolf herzu. Durch die Trennung des Wassers gesichert und durch die Sicherheit höhnisch gemacht, rief das Schaf dem Räuber hinüber: »Ich mache dir doch das Wasser nicht trübe, Herr Wolf? Sieh mich recht an, habe ich dir nicht etwa vor sechs Wochen nachgeschimpft? Wenigstens wird es mein Vater gewesen sein.« Der Wolf verstand die Spötterei; er betrachtete die Breite des Flusses und knirschte mit den Zähnen. Es ist dein Glück, antwortete er, dass wir Wölfe gewohnt sind, mit euch Schafen Geduld zu haben, und ging mit stolzen Schritten weiter.

4. *[Der hungrige Fuchs]*

»Ich bin zu einer unglücklichen Stunde geboren!«, so klagte ein junger Fuchs einem alten. »Fast keiner von meinen Anschlägen will mir gelingen.« – »Deine Anschläge«, sagte der ältere Fuchs, »werden ohne Zweifel danach sein. Lass doch hören; wann machst du deine Anschläge?« – »Wann ich sie mache? Wann anders, als wenn mich hungert.« – – »Wenn dich hungert?«, fuhr der alte Fuchs fort. »Ja, da haben wir es! Hunger und Überlegung sind nie beisammen. Mache sie künftig, wenn du satt bist, und sie werden besser ausfallen.«

Abhandlungen
über die Fabel

I. Von dem Wesen der Fabel

Jede Erdichtung, womit der Poet eine gewisse Absicht verbindet, heißt seine Fabel. So heißt die Erdichtung, welche er durch die Epopee, durch das Drama herrschen lässt, die Fabel seiner Epopee, die Fabel seines Drama.

Von diesen Fabeln ist hier die Rede nicht. Mein Gegenstand ist die sogenannte *aesopische* Fabel. Auch diese ist eine Erdichtung, eine Erdichtung, die auf einen gewissen Zweck abzielet.

Man erlaube mir, gleich anfangs einen Sprung in die Mitte meiner Materie zu tun, um eine Anmerkung daraus herzuholen, auf die sich eine gewisse Einteilung der aesopischen Fabel gründet, deren ich in der Folge zu oft gedenken werde und die mir so bekannt nicht scheinet, dass ich sie, auf gut Glück, bei meinen Lesern voraussetzen dürfte.

Aesopus machte die meisten seiner Fabeln bei wirklichen Vorfällen. Seine Nachfolger haben sich dergleichen Vorfälle meistens erdichtet oder auch wohl an ganz und gar keinen Vorfall, sondern bloß an diese oder jene allgemeine Wahrheit, bei Verfertigung der ihrigen, gedacht. Diese begnügten sich folglich, die allgemeine Wahrheit, durch die erdichtete Geschichte ihrer Fabel, erläutert zu haben; wenn jener noch über dieses die Ähnlichkeit seiner erdichteten Geschichte mit dem gegenwärtigen wirklichen Vorfalle fasslich machen und zeigen musste, dass aus beiden, sowohl aus der erdichteten Geschichte als dem wirklichen Vorfalle, sich ebendieselbe Wahrheit bereits ergebe oder gewiss ergeben werde.

Und hieraus entspringt die Einteilung in *einfache* und *zusammengesetzte* Fabeln.

Einfach ist die Fabel, wenn ich aus der erdichteten Begebenheit derselben bloß irgendeine allgemeine Wahrheit folgern lasse. – »Man machte der Löwin den Vorwurf, dass sie nur ein Junges zur Welt brächte. Ja, sprach sie, nur eines, aber einen Löwen.«[1] – Die Wahrheit, welche in dieser Fabel liegt, ὅτι το καλον οὐκ ἐν πληθει, ἀλλ' ἀρετη, leuchtet sogleich in die Augen; und die Fabel ist *einfach*, wenn ich es bei dem Ausdrucke dieses allgemeinen Satzes bewenden lasse.

Zusammengesetzt hingegen ist die Fabel, wenn die Wahrheit, die sie uns anschauend zu erkennen gibt, auf einen wirklich geschehenen oder doch als wirklich geschehen angenommenen Fall weiter angewendet wird. – »Ich mache, sprach ein höhnischer Reimer zu dem Dichter, in einem Jahre sieben Trauerspiele, aber du? In sieben Jahren eines! Recht, nur eines!, versetzte der Dichter, aber eine *Athalie*!« – Man mache dieses zur Anwendung der vorigen Fabel, und die Fabel wird *zusammengesetzt*. Denn sie besteht nunmehr gleichsam aus *zwei* Fabeln, aus *zwei* einzelnen Fällen, in welchen beiden ich die Wahrheit ebendesselben Lehrsatzes bestätiget finde.

Diese Einteilung aber – kaum brauche ich es zu erinnern – beruhet nicht auf einer wesentlichen Verschiedenheit der Fabeln selbst, sondern bloß auf der verschiedenen Bearbeitung derselben. Und aus dem Exempel schon hat man es ersehen, dass ebendieselbe Fabel bald *einfach*, bald *zusammengesetzt* sein kann. Bei dem *Phaedrus* ist die Fabel *von dem kreißenden Berge* eine *einfache* Fabel.

---

[1] Fab. Aesop. 216. Edit. Hauptmannianae.

> – – – Hoc scriptum est tibi,
> Qui magna cum minaris, extricas nihil.

Ein jeder, ohne Unterschied, der große und fürchterliche Anstalten einer Nichtswürdigkeit wegen macht, der sehr weit ausholt, um einen sehr kleinen Sprung zu tun, jeder Prahler, jeder vielversprechende Tor, von allen möglichen Arten, siehet hier sein Bild! Bei unserm *Hagedorn* aber wird ebendieselbe Fabel zu einer *zusammengesetzten* Fabel, indem er einen gebärenden schlechten Poeten zu dem besondern Gegenbilde des kreißenden Berges macht.

> Ihr Götter rettet! Menschen flieht!
> Ein schwangrer Berg beginnt zu kreißen,
> Und wird itzt, eh man sich's versieht,
> Mit Sand und Schollen um sich schmeißen etc.
>
> – – – – – – –
>
> Suffenus schwitzt und lärmt und schäumt:
> Nichts kann den hohen Eifer zähmen;
> Er stampft, er knirscht; warum? er reimt,
> Und will itzt den Homer beschämen etc.
>
> – – – – – – –
>
> Allein gebt acht, was kömmt heraus?
> Hier ein Sonett, dort eine Maus.

Diese Einteilung also, von welcher die Lehrbücher der Dichtkunst ein tiefes Stillschweigen beobachten, ohngeachtet ihres mannigfaltigen Nutzens in der richtigern Bestimmung verschiedener Regeln: Diese Einteilung, sage ich, vorausgesetzt, will ich mich auf den Weg machen. Es ist kein unbetretener Weg. Ich sehe eine Menge Fußtapfen vor mir, die ich zum Teil untersuchen muss, wenn ich überall sichere Tritte zu tun gedenke. Und in dieser Absicht will ich sogleich die vornehmsten Erklärungen prüfen, welche meine Vorgänger von der Fabel gegeben haben.

De La Motte

Dieser Mann, welcher nicht sowohl ein großes poetisches Genie als ein guter, aufgeklärter Kopf war, der sich an mancherlei wagen und überall erträglich zu bleiben hoffen durfte, erklärt die *Fabel* durch *eine unter die Allegorie einer Handlung versteckte Lehre*[2].

Als sich der Sohn des stolzen *Tarquinius* bei den *Gabiern* nunmehr festgesetzt hatte, schickte er heimlich einen Boten an seinen Vater und ließ ihn fragen, was er weiter tun solle? Der König, als der Bote zu ihm kam, befand sich eben auf dem Felde, hub seinen Stab auf, schlug den höchsten Mahnstängeln die Häupter ab und sprach zu dem Boten: Geh, und erzähle meinem Sohne, was ich itzt getan habe! Der Sohn verstand den stummen Befehl des Vaters und ließ die Vornehmsten der *Gabier* hinrichten.[3] – Hier ist eine allegorische Handlung – hier ist eine unter die Allegorie dieser Handlung versteckte Lehre: Aber ist hier eine *Fabel*? Kann man sagen, dass *Tarquinius* seine Meinung dem Sohne durch eine *Fabel* habe wissen lassen? Gewiss nicht!

---

[2] La Fable est une instruction deguisée sous l'allegorie d'une action. *Discours sur la fable.*
[3] Florus. lib. I. cap. 7.

Jener Vater, der seinen uneinigen Söhnen die Vorteile der Eintracht an einem Bündel Ruten zeigte, das sich nicht anders als stückweise zerbrechen lasse, machte der eine Fabel?[4]

Aber wenn ebenderselbe Vater seinen uneinigen Söhnen erzählt hätte, wie glücklich drei Stiere, solange sie einig waren, den Löwen von sich abhielten und wie bald sie des Löwen Raub wurden, als Zwietracht unter sie kam und jeder sich seine eigene Weide suchte[5]: Alsdenn hätte doch der Vater seinen Söhnen ihr Bestes in einer *Fabel* gezeigt? Die Sache ist klar.

Folglich ist es ebenso klar, dass die Fabel nicht bloß eine allegorische Handlung, sondern die *Erzählung* einer solchen Handlung sein kann. Und dieses ist das Erste, was ich wider die Erklärung des *de La Motte* zu erinnern habe.

Aber was will er mit seiner *Allegorie*? – Ein so fremdes Wort, womit nur wenige einen bestimmten Begriff verbinden, sollte überhaupt aus einer guten Erklärung verbannt sein. – Und wie, wenn es hier gar nicht einmal an seiner Stelle stünde? Wenn es nicht wahr wäre, dass die Handlung der Fabel an sich selbst allegorisch sei? Und wenn sie es höchstens unter gewissen Umständen nur werden könnte?

Quintilian lehret: Αλληγορια, quam Inversionem interpretamur, aliud verbis, aliud sensu ostendit, ac etiam interim contrarium.[6] Die *Allegorie* sagt das nicht, was sie nach den Worten zu sagen scheinet, sondern etwas anders. Die neuern Lehrer der Rhetorik erinnern, dass dieses *etwas an-*

---

[4] Fab. Aesop. 171.
[5] Fab. Aesop. 297.
[6] Quinctilianus lib. VIII. cap. 6.

dere auf etwas *anderes Ähnliches* einzuschränken sei, weil sonst auch jede *Ironie* eine *Allegorie* sein würde[7]. Die letztern Worte des *Quintilians*, ac etiam interim contrarium, sind ihnen hierin zwar offenbar zuwider, aber es mag sein.

Die *Allegorie* sagt also nicht, was sie den Worten nach zu sagen scheinet, sondern etwas *Ähnliches*. Und die Handlung der Fabel, wenn sie allegorisch sein soll, muss das auch nicht sagen, was sie zu sagen scheinet, sondern nur etwas *Ähnliches*?

Wir wollen sehen! – »*Der Schwächere wird gemeiniglich ein Raub des Mächtigern.*« Das ist ein allgemeiner Satz, bei welchem ich mir eine Reihe von Dingen gedenke, deren eines immer stärker ist als das andere, die sich also, nach der Folge ihrer verschiednen Stärke, untereinander aufreiben können. Eine Reihe von *Dingen*! Wer wird lange und gern den öden Begriff eines *Dinges* denken, ohne auf dieses oder jenes *besondere Ding* zu fallen, dessen Eigenschaften ihm ein deutliches Bild gewähren? Ich will also auch hier anstatt dieser Reihe von *unbestimmten* Dingen eine Reihe *bestimmter, wirklicher* Dinge annehmen. Ich könnte mir in der Geschichte eine Reihe von Staaten oder Königen suchen; aber wie viele sind in der Geschichte so bewandert, dass sie, sobald ich meine Staaten oder Könige nur nenne, sich der Verhältnisse, in welchen sie gegeneinander an Größe und Macht gestanden, erinnern könnten? Ich würde meinen Satz nur wenigen fasslicher gemacht haben, und ich möchte ihn gern allen so fasslich als möglich machen. Ich falle auf die Tiere, und warum sollte ich

---

[7] Allegoria dicitur, quia ἄλλο μεν ἀγορευει, ἄλλο δε νοει. Et istud ἄλλο restringi debet ad aliud simile, alias etiam omnis Ironia Allegoria esset. *Vossius Inst. Orat. lib. IV.*

nicht eine Reihe von Tieren wählen dürfen, besonders wenn es allgemein bekannte Tiere wären? Ein Auerhahn – ein Marder – ein Fuchs – ein Wolf – Wir kennen diese Tiere, wir dürfen sie nur nennen hören, um sogleich zu wissen, welches das stärkere oder das schwächere ist. Nunmehr heißt mein Satz: Der Marder frisst den Auerhahn, der Fuchs den Marder, den Fuchs der Wolf. *Er frisst?* Er frisst vielleicht auch nicht. Das ist mir noch nicht gewiss genug. Ich sage also: *Er fraß*. Und siehe, mein Satz ist zur Fabel geworden!

> Ein Marder fraß den Auerhahn,
> Den Marder würgt ein Fuchs, den Fuchs des Wolfes Zahn.[8]

Was kann ich nun sagen, dass in dieser Fabel für eine Allegorie liege? Der Auerhahn, der Schwächste; der Marder, der Schwache; der Fuchs, der Starke; der Wolf, der Stärkste. Was hat der Auerhahn mit dem Schwächsten, der Marder mit dem Schwachen usw. hier *Ähnliches? Ähnliches! Gleichet* hier bloß der Fuchs dem Starken und der Wolf dem Stärksten, oder *ist* jener hier der Starke, so wie dieser der Stärkste? Er *ist* es. – Kurz, es heißt die Worte auf eine kindische Art missbrauchen, wenn man sagt, dass das *Besondere* mit seinem *Allgemeinen*, das *Einzelne* mit seiner *Art, die Art* mit ihrem *Geschlechte* eine *Ähnlichkeit* habe. Ist *dieser* Windhund einem Windhunde *überhaupt*, und ein *Windhund* überhaupt einem *Hunde ähnlich*? Eine lächerliche Frage! – Findet sich nun aber unter den *bestimmten*

---

[8] von Hagedorn: Fabeln und Erzehlungen, erstes Buch. S. 77.

Subjekten der Fabel, und den *allgemeinen* Subjekten ihres Satzes keine *Ähnlichkeit*, so kann auch keine *Allegorie* unter ihnen statthaben. Und das Nämliche lässt sich auf die nämliche Art von den beiderseitigen Prädikaten erweisen.

Vielleicht aber meinet jemand, dass die Allegorie hier nicht auf der Ähnlichkeit zwischen den *bestimmten* Subjekten oder Prädikaten der Fabel und den *allgemeinen* Subjekten oder Prädikaten des Satzes, sondern auf der Ähnlichkeit der Arten, wie ich ebendieselbe Wahrheit itzt durch die Bilder der Fabel und itzt vermittelst der Worte des Satzes erkenne, beruhe. Doch das ist so viel als nichts. Denn käme hier die Art der Erkenntnis in Betrachtung und wollte man bloß wegen der anschauenden Erkenntnis, die ich vermittelst der Handlung der Fabel von dieser oder jener Wahrheit erhalte, die Handlung allegorisch nennen: So würde in allen Fabeln ebendieselbe Allegorie sein, welches doch niemand sagen will, der mit diesem Worte nur einigen Begriff verbindet.

Ich befürchte, dass ich von einer so klaren Sache viel zu viel Worte mache. Ich fasse daher alles zusammen und sage: Die Fabel als eine *einfache* Fabel kann unmöglich allegorisch sein.

Man erinnere sich aber meiner obigen Anmerkung, nach welcher eine jede *einfache* Fabel auch eine *zusammengesetzte* werden *kann*. Wie, wenn sie alsdenn allegorisch *würde*? Und so ist es. Denn in der zusammengesetzten Fabel wird ein Besonderes gegen das andre gehalten; zwischen zwei oder mehr Besondern, die unter ebendemselben Allgemeinen begriffen sind, ist die *Ähnlichkeit* unwidersprechlich, und die Allegorie kann folglich stattfinden. Nur muss man nicht sagen, dass die Allegorie zwischen der Fabel und dem moralischen Satze sich befinde. Sie befindet sich zwischen der Fabel und dem wirklichen Falle, der zu der Fabel Gelegenheit gegeben hat, insofern sich aus beiden ebendieselbe Wahrheit ergibt. – Die bekannte Fabel vom *Pferde*, das sich von dem *Manne* den Zaum anlegen ließ und ihn auf seinen Rücken nahm, damit er ihm nur in seiner Rache, die es an dem Hirsche nehmen wollte, behülflich wäre: Diese Fabel, sage ich, ist sofern nicht allegorisch, als ich mit dem *Phaedrus*[9] bloß die allgemeine Wahrheit daraus ziehe:

Impune potius laedi, quam dedi alteri.

Bei der Gelegenheit nur, bei welcher sie ihr Erfinder *Stesichorus* erzählte, *ward* sie es. Er erzählte sie nämlich, als die *Himerenser* den *Phalaris* zum obersten Befehlshaber ihrer Kriegsvölker gemacht hatten und ihm noch dazu eine Leibwache geben wollten. »O ihr *Himerenser*, rief er, die ihr so fest entschlossen seid, euch an euren Feinden zu rächen; nehmet euch wohl in Acht, oder es wird euch wie diesem Pferde ergehen! Den Zaum habt ihr euch bereits anlegen lassen, indem ihr den *Phalaris* zu eurem Heerführer mit unumschränkter Gewalt ernannt. Wollt ihr ihm nun gar eine Leibwache geben, wollt ihr ihn aufsitzen lassen, so ist es vollends um eure Freiheit getan.«[10] – Alles wird hier allegorisch! Aber einzig und allein dadurch, dass das Pferd hier nicht auf jeden Beleidigten, sondern auf die beleidigten *Himerenser*, der Hirsch nicht auf jeden Beleidiger, sondern auf die Feinde der *Himerenser*, der Mann nicht auf jeden listigen Unterdrücker, sondern auf den *Phalaris*; die Anlegung

---

[9] Lib. IV. Fab. 3.
[10] Aristoteles Rhetor. lib. II. cap. 20.

des Zaums nicht auf jeden ersten Eingriff in die Rechte der Freiheit, sondern auf die Ernennung des *Phalaris* zum unumschränkten Heerführer; und das Aufsitzen endlich nicht auf jeden letzten tödlichen Stoß, welcher der Freiheit beigebracht wird, sondern auf die dem *Phalaris* zu bewilligende Leibwache gezogen und angewandt wird.

Was folgt nun aus alledem? Dieses: Da die Fabel nur alsdenn allegorisch wird, wenn ich dem erdichteten einzeln Falle, den sie enthält, einen andern ähnlichen Fall, der sich wirklich zugetragen hat, entgegenstelle, da sie es nicht an und für sich selbst ist, insofern sie eine allgemeine moralische Lehre enthält, so gehöret das Wort *Allegorie* gar nicht in die Erklärung derselben. – Dieses ist das zweite, was ich gegen die Erklärung des *de La Motte* zu erinnern habe.

Und man glaube ja nicht, dass ich es bloß als ein müßiges, überflüssiges Wort daraus verdrängen will. Es ist hier, wo es steht, ein höchst schädliches Wort, dem wir vielleicht eine Menge schlechter Fabeln zu danken haben. Man begnüge sich nur, die Fabel, in Ansehung des allgemeinen Lehrsatzes, *bloß allegorisch* zu machen, und man kann sicher glauben, eine *schlechte* Fabel gemacht zu haben. Ist aber eine schlechte Fabel eine Fabel? – Ein Exempel wird die Sache in ihr völliges Licht setzen. Ich wähle ein altes, um ohne Missgunst recht haben zu können. Die Fabel nämlich von dem *Mann* und dem *Satyr*. »Der *Mann* bläset in seine kalte Hand, um seine Hand zu wärmen, und bläset in seinen heißen Brei, um seinen Brei zu kühlen. Was?, sagt der *Satyr*, du bläsest aus einem Munde warm und kalt? Geh, mit dir mag ich nichts zu tun haben!«[11] – Diese Fabel soll lehren, ὅτι δει φευγειν

---

[11] Fab. Aesop. 126.

ἡμας τας φιλιας, ὧν ἀμφίβολός ἐστιν ἡ διάθεσις; die Freundschaft aller Zweizüngler, aller Doppelleute, aller Falschen zu fliehen. Lehrt sie das? Ich bin nicht der Erste, der es leugnet und die Fabel für schlecht ausgibt. *Richer*[12] sagt, sie sündige wider die Richtigkeit der Allegorie; ihre Moral sei weiter nichts als eine Anspielung und gründe sich auf eine bloße Zweideutigkeit. *Richer* hat richtig empfunden, aber seine Empfindung falsch ausgedrückt. Der Fehler liegt nicht sowohl darin, dass die Allegorie nicht richtig genug ist, sondern darin, dass es weiter nichts als eine Allegorie ist. Anstatt dass die Handlung des *Mannes*, die dem *Satyr* so anstößig scheinet, unter dem allgemeinen Subjekte des Lehrsatzes wirklich *begriffen* sein sollte, ist sie ihm bloß *ähnlich*. Der *Mann* sollte sich eines *wirklichen* Widerspruchs schuldig machen, und der Widerspruch ist nur *anscheinend*. Die Lehre warnet uns vor Leuten, die von *ebenderselben* Sache *Ja* und *Nein* sagen, die *ebendasselbe* Ding loben und tadeln: Und die Fabel zeiget uns einen *Mann*, der seinen Atem gegen *verschiedene* Dinge *verschieden* braucht, der auf ganz etwas anders itzt seinen Atem warm haucht, und auf ganz etwas anders ihn itzt kalt bläset.

Endlich, was lässt sich nicht alles *allegorisieren*! Man nenne mir das abgeschmackte Märchen, in welches ich durch die Allegorie nicht einen moralischen Sinn sollte legen können! – »Die Mitknechte des *Aesopus* gelüstet nach den trefflichen Feigen ihres Herrn. Sie essen sie auf, und als es zur Nachfrage kömmt, soll es der gute *Aesop* getan haben. Sich zu rechtfertigen, trinket *Aesop* in großer

---

[12] – – contre la justesse de l'allegorie. – – Sa morale n'est qu'une allusion, et n'est fondée que sur un jeu de mots équivoque. *Fables nouvelles. Preface, p. 10.*

Menge laues Wasser, und seine Mitknechte müssen ein Gleiches tun. Das laue Wasser hat seine Wirkung, und die Näscher sind entdeckt.« – Was lehrt uns dieses Histörchen? Eigentlich wohl weiter nichts, als dass laues Wasser, in großer Menge getrunken, zu einem Brechmittel werde? Und doch machte jener persische Dichter[13] einen weit edlern Gebrauch davon. »Wenn man euch«, spricht er, »an jenem großen Tage des Gerichts, von diesem warmen und siedenden Wasser wird zu trinken geben: Alsdenn wird alles an den Tag kommen, was ihr mit so vieler Sorgfalt vor den Augen der Welt verborgen gehalten; und der Heuchler, den hier seine Verstellung zu einem ehrwürdigen Manne gemacht hatte, wird mit Schande und Verwirrung überhäuft dastehen!« – Vortrefflich!

Ich habe nun noch eine Kleinigkeit an der Erklärung des *de La Motte* auszusetzen. Das Wort *Lehre* (instruction) ist zu unbestimmt und allgemein. Ist jeder Zug aus der Mythologie, der auf eine physische Wahrheit anspielet oder in den ein tiefsinniger *Baco* wohl gar eine *transzendentalische* Lehre zu legen weiß, eine Fabel? Oder wenn der seltsame *Holberg* erzählet: »Die Mutter des Teufels übergab ihm einsmals vier Ziegen, um sie in ihrer Abwesenheit zu bewachen. Aber diese machten ihm so viel zu tun, dass er sie mit aller seiner Kunst und Geschicklichkeit nicht in der Zucht halten konnte. Diesfalls sagte er zu seiner Mutter nach ihrer Zurückkunft: Liebe Mutter, hier sind Eure

---

[13] *Herbelot Bibl. Orient, p. 516.* Lorsque l'on vous donnera à boire de cette eau chaude et brulante, dans la question du Jugement dernier, tout ce que vous avez caché avec tant de soin, paroitra aux yeux de tout le monde, et celui qui aura acquis de l'estime par son hypocrisie et par son deguisement, sera pour lors couvert de honte et de confusion.

Ziegen! Ich will lieber eine ganze Compagnie Reuter bewachen als eine einzige Ziege!« – Hat *Holberg* eine Fabel erzählet? Wenigstens ist eine Lehre in diesem Dinge. Denn er setzt selbst mit ausdrücklichen Worten dazu: »Diese Fabel zeiget, dass keine Kreatur weniger in der Zucht zu halten ist als eine Ziege.«[14] – Eine wichtige Wahrheit! Niemand hat die Fabel schändlicher misshandelt als dieser *Holberg*! – Und es misshandelt sie jeder, der eine andere als *moralische Lehre* darin vorzutragen sich einfallen lässt.

Richer

Richer ist ein andrer französischer Fabulist, der ein wenig besser erzählet als *de La Motte*, in Ansehung der Erfindung aber weit unter ihm stehet. Auch dieser hat uns seine Gedanken über diese Dichtungsart nicht vorenthalten wollen und erklärt die Fabel durch ein *kleines Gedicht, das irgendeine unter einem allegorischen Bilde versteckte Regel enthalte*[15].

Richer hat die Erklärung des *de La Motte* offenbar vor Augen gehabt. Und vielleicht hat er sie gar verbessern wollen. Aber das ist ihm sehr schlecht gelungen.

Ein kleines Gedicht (Poeme)? – Wenn *Richer* das Wesen eines Gedichts in die *bloße* Fiktion setzet: So bin ich es zufrieden, dass er die Fabel ein Gedicht nennet. Wenn er

---

[14] Moralische Fabeln des Baron von Holbergs, S. 103.
[15] La Fable est un petit Poeme qui contient un precepte caché sous une image allegorique. *Fables nouvelles. Preface, p. 9.*

aber auch die poetische Sprache und ein gewisses Silbenmaß als notwendige Eigenschaften eines Gedichtes betrachtet: So kann ich seiner Meinung nicht sein. – Ich werde mich weiter unten hierüber ausführlicher erklären.

Eine Regel (Precepte)? – Dieses Wort ist nichts bestimmter als das Wort *Lehre* des *de La Motte*. Alle Künste, alle Wissenschaften haben Regeln, haben Vorschriften. Die Fabel aber stehet einzig und allein der *Moral* zu. Von einer andern Seite hingegen betrachtet, ist *Regel* oder *Vorschrift* hier sogar noch schlechter als *Lehre*; weil man unter Regel und Vorschrift eigentlich nur solche Sätze verstehet, die *unmittelbar* auf die Bestimmung unsers Tuns und Lassens gehen. Von dieser Art aber sind nicht alle moralische Lehrsätze der Fabel. Ein großer Teil derselben sind Erfahrungssätze, die uns nicht sowohl von dem, was geschehen sollte, als vielmehr von dem, was wirklich geschiehet, unterrichten. Ist die Sentenz:

> In principatu commutando civium
> Nil praeter domini nomen mutant pauperes

eine Regel, eine Vorschrift? Und gleichwohl ist sie das Resultat einer von den schönsten Fabeln des Phaedrus[16]. Es ist zwar wahr, aus jedem solchen Erfahrungssatze können leicht eigentliche Vorschriften und Regeln *gezogen* werden. Aber was in dem fruchtbaren Satze liegt, das liegt nicht darum auch in der Fabel. Und was müsste das für eine Fabel sein, in welcher ich den Satz mit allen seinen Folgerungen auf einmal anschauend erkennen sollte?

---

[16] Lib. I. Fab. 15.

Unter einem allegorischen Bilde? – Über das Allegorische habe ich mich bereits erkläret. Aber *Bild* (Image)! Unmöglich kann *Richer* dieses Wort mit Bedacht gewählt haben. Hat er es vielleicht nur ergriffen, um von *de La Motte* lieber auf Geratewohl abzugehen, als *nach* ihm recht zu haben? – Ein Bild heißt überhaupt jede sinnliche Vorstellung eines Dinges nach einer einzigen ihm zukommenden Veränderung. Es zeigt mir nicht mehrere oder gar alle mögliche Veränderungen, deren das Ding fähig ist, sondern allein die, in der es sich in einem und ebendemselben Augenblicke befindet. In einem Bilde kann ich zwar also wohl eine moralische Wahrheit erkennen, aber es ist darum noch keine Fabel. Der mitten im Wasser dürstende *Tantalus* ist ein Bild, und ein Bild, das mir die Möglichkeit zeigt, man könne auch bei dem größten Überflusse darben. Aber ist dieses Bild deswegen eine Fabel? So auch folgendes kleine Gedicht:

> Cursu veloci pendens in novacula,
> Calvus, comosa fronte, nudo corpore,
> Quem si occuparis, teneas; elapsum semel
> Non ipse possit Jupiter reprehendere;
> Occasionem rerum significat brevem.
> Effectus impediret ne segnis mora,
> Finxere antiqui talem effigiem temporis.

Wer wird diese Zeilen für eine Fabel erkennen, ob sie schon *Phaedrus* als eine solche unter seinen Fabeln mit unterlaufen lässt[17]? Ein jedes *Gleichnis*, ein jedes *Emblema* würde eine Fabel sein, wenn sie nicht eine Mannigfaltigkeit von Bil-

---

[17] Lib. V. Fab. 8.

dern, und zwar zu *einem* Zwecke übereinstimmenden Bildern, wenn sie, mit einem Worte, nicht das *notwendig* erforderte, was wir durch das Wort *Handlung* ausdrücken.

Eine *Handlung* nenne ich *eine Folge von Veränderungen, die zusammen ein Ganzes ausmachen.*

Diese *Einheit des Ganzen* beruhet auf der *Übereinstimmung aller Teile zu einem Endzwecke.*

Der Endzweck der Fabel, das, wofür die Fabel erfunden wird, ist der moralische Lehrsatz.

Folglich hat die Fabel eine *Handlung*, wenn das, was sie erzählt, eine Folge von Veränderungen ist und jede dieser Veränderungen etwas dazu beiträgt, die einzeln Begriffe, aus welchen der moralische Lehrsatz besteht, anschauend erkennen zu lassen.

Was die Fabel erzählt, muss eine *Folge von Veränderungen sein. Eine* Veränderung oder auch mehrere Veränderungen, die nur *nebeneinander* bestehen und nicht *aufeinander* folgen, wollen zur Fabel nicht zureichen. Und ich kann es für eine untriegliche Probe ausgeben, dass eine Fabel schlecht ist, dass sie den Namen der Fabel gar nicht verdient, wenn ihre vermeinte Handlung *sich ganz malen lässt.* Sie enthält alsdenn ein bloßes Bild, und der Maler hat keine Fabel, sondern ein *Emblema* gemalt. – »Ein Fischer, indem er sein Netz aus dem Meere zog, blieb der größern Fische, die sich darin gefangen hatten, zwar habhaft, die kleinsten aber schlupften durch das Netz durch und gelangten glücklich wieder ins Wasser.« – Diese Erzählung befindet sich unter den aesopischen Fabeln[18], aber sie ist keine Fabel, wenigstens eine sehr mittelmäßige. Sie hat keine Handlung, sie enthält ein bloßes einzelnes Faktum,

---

[18] Fab. Aesop. 154.

das sich ganz malen lässt; und wenn ich dieses einzelne Faktum, dieses Zurückbleiben der größern und dieses Durchschlupfen der kleinen Fische, auch mit noch so viel andern Umständen erweiterte, so würde doch in ihm *allein*, und nicht in den andern Umständen zugleich mit, der moralische Lehrsatz liegen.

Doch nicht genug, dass das, was die Fabel erzählt, eine Folge von Veränderungen ist, alle diese Veränderungen müssen zusammen nur einen *einzigen* anschauenden Begriff in mir erwecken. Erwecken sie deren mehrere, liegt mehr als ein moralischer Lehrsatz in der vermeinten Fabel, so fehlt der Handlung ihre Einheit, so fehlt ihr das, was sie eigentlich zur Handlung macht, und kann, richtig zu sprechen, keine *Handlung*, sondern muss eine *Begebenheit* heißen. – Ein Exempel:

> Lucernam fur accendit ex ara Jovis,
> Ipsumque compilavit ad lumen suum;
> Onustus qui sacrilegio cum discederet,
> Repente vocem sancta misit Religio:
> Malorum quamvis ista fuerint munera,
> Mihique invisa, ut non offendar subripi;
> Tamen, sceleste, spiritu culpam lues,
> Olim cum adscriptus venerit poenae dies.
> Sed ne ignis noster facinori praeluceat,
> Per quem verendos excolit pietas Deos,
> Veto esse tale luminis commercium.
> Ita hodie, nec lucernam de flamma Deûm
> Nec de lucerna fas est accendi sacrum.

Was hat man hier gelesen? Ein Histörchen, aber keine Fabel. Ein Histörchen trägt sich zu, eine Fabel wird erdichtet. Von der Fabel also muss sich ein Grund angeben lassen, warum sie erdichtet worden, da ich den Grund, warum sich jenes zugetragen, weder zu wissen noch anzugeben gehalten bin. Was wäre nun der Grund, warum diese Fabel erdichtet worden, wenn es anders eine Fabel wäre? Recht billig zu urteilen, könnte es kein andrer als dieser sein: Der Dichter habe einen wahrscheinlichen Anlass zu dem doppelten Verbote, *weder von dem heiligen Feuer ein gemeines Licht noch von einem gemeinen Lichte das heilige Feuer anzuzünden*, erzählen wollen. Aber wäre das eine *moralische* Absicht, dergleichen der Fabulist doch notwendig haben soll? Zur Not könnte zwar dieses einzelne Verbot zu einem Bilde des allgemeinen Verbots dienen, *dass das Heilige mit dem Unheiligen, das Gute mit dem Bösen in keiner Gemeinschaft stehen soll*. Aber was tragen alsdenn die übrigen Teile der Erzählung zu diesem Bilde bei? Zu diesem gar nichts, sondern ein jeder ist vielmehr das Bild, der einzelne Fall einer ganz andern allgemeinen Wahrheit. Der Dichter hat es selbst empfunden und hat sich aus der Verlegenheit, welche Lehre er *allein* daraus ziehen solle, nicht besser zu reißen gewusst, als wenn er deren so viele daraus zöge, als sich nur immer ziehen ließen. Denn er schließt:

> Quot res contineat hoc argumentum utiles,
> Non explicabit alius, quam qui repperit.
> Significat primo, saepe, quos ipse alueris,
> Tibi inveniri maxime contrarios.
> Secundo ostendit, scelera non ira Deûm,
> Fatorum dicto sed puniri tempore.
> Novissime interdicit, ne cum malefico
> Usum bonus consociet ullius rei.

Eine elende Fabel, wenn niemand anders als ihr Erfinder es erklären kann, *wie viel* nützliche Dinge sie enthalte! Wir hätten an einem genug! – Kaum sollte man es glauben, dass einer von den Alten, einer von diesen großen Meistern in der Einfalt ihrer Plane, uns dieses Histörchen für eine Fabel[19] verkaufen können.

Breitinger

Ich würde von diesem großen Kunstrichter nur wenig gelernt haben, wenn er in meinen Gedanken *noch* überall recht hätte. – Er gibt uns aber eine doppelte Erklärung von der Fabel[20]. Die eine hat er von dem *de La Motte* entlehnet, und die andere ist ihm ganz eigen.

Nach jener versteht er unter der Fabel *eine unter der wohlgeratenen Allegorie einer ähnlichen Handlung verkleidete Lehre und Unterweisung.* – Der klare, übersetzte *de La Motte*! Und der ein wenig gewässerte: könnte man noch dazusetzen. Denn was sollen die Beiwörter: *wohlgeratene* Allegorie, *ähnliche* Handlung? Sie sind höchst überflüssig.

Doch ich habe eine andere wichtigere Anmerkung auf ihn versparet. *Richer* sagt: Die Lehre solle unter dem allegorischen Bilde *versteckt* (caché) sein. Versteckt! Welch ein unschickliches Wort! In manchem *Rätsel* sind Wahrheiten, in den Pythagorischen Denksprüchen sind moralische Lehren *versteckt*, aber in keiner Fabel. Die Klarheit, die Lebhaftigkeit, mit welcher die Lehre aus allen Teilen

---

[19] Phaedrus lib. IV. Fab. 10.
[20] Der Critischen Dichtkunst ersten Bandes siebender Abschnitt, S. 194.

einer guten Fabel auf einmal hervorstrahlet, hätte durch ein ander Wort als durch das ganz widersprechende *versteckt* ausgedrückt zu werden verdienet. Sein Vorgänger *de La Motte* hatte sich um ein gut Teil feiner erklärt; er sagt doch nur *verkleidet* (deguisé). Aber auch *verkleidet* ist noch viel zu unrichtig, weil auch *verkleidet* den Nebenbegriff einer mühsamen Erkennung mit sich führet. Und es muss gar keine Mühe kosten, die Lehre in der Fabel zu erkennen; es müsste vielmehr, wenn ich so reden darf, Mühe und Zwang kosten, sie darin nicht zu erkennen. Aufs Höchste würde sich dieses *verkleidet* nur in Ansehung der *zusammengesetzten* Fabel entschuldigen lassen. In Ansehung der *einfachen* ist es durchaus nicht zu dulden. Von zwei ähnlichen einzeln Fällen kann zwar einer durch den andern ausgedrückt, einer in den andern *verkleidet* werden: Aber wie man das Allgemeine in das Besondere *verkleiden* könne, das begreife ich ganz und gar nicht. Wollte man mit aller Gewalt ein ähnliches Wort hier brauchen, so müsste es anstatt *verkleiden* wenigstens *einkleiden* heißen.

Von einem deutschen Kunstrichter hätte ich überhaupt dergleichen figürliche Wörter in einer Erklärung nicht erwartet. Ein *Breitinger* hätte es den schön vernünftelnden Franzosen überlassen sollen, sich damit aus dem Handel zu wickeln; und ihm würde es sehr wohl angestanden haben, wenn er uns mit den trocknen Worten der Schule belehrt hätte, dass die moralische Lehre in die Handlung weder *versteckt* noch *verkleidet*, sondern durch sie der *anschauenden Erkenntnis* fähig gemacht werde. Ihm würde es erlaubt gewesen sein, uns von der Natur dieser auch der rohesten Seele zukommenden Erkenntnis, von der mit ihr verknüpften schnellen Überzeugung, von ihrem daraus entspringenden mächtigen Einflusse auf den Willen das Nötige zu lehren. Eine Materie, die durch den ganzen spekulativischen Teil der Dichtkunst von dem größten Nutzen ist und von *unserm Weltweisen* schon gnugsam erläutert war[21]! – Was *Breitinger* aber damals unterlassen, das ist mir itzt nachzuholen nicht mehr erlaubt. Die philosophische Sprache ist seitdem unter uns so bekannt geworden, dass ich mich der Wörter *anschauen, anschauender Erkenntnis* gleich von Anfange als solcher Wörter ohne Bedenken habe bedienen dürfen, mit welchen nur wenige nicht einerlei Begriff verbinden.

Ich käme zu der zweiten Erklärung, die uns *Breitinger* von der Fabel gibt. Doch ich bedenke, dass ich diese bequemer an einem andern Orte werde untersuchen können. – Ich verlasse ihn also.

Batteux

Batteux erkläret die Fabel kurzweg durch die *Erzählung einer allegorischen Handlung*[22]. Weil er es zum Wesen der Allegorie macht, dass sie eine Lehre oder Wahrheit *verberge*, so hat er ohne Zweifel geglaubt, des moralischen Satzes, der in der Fabel zum Grunde liegt, in ihrer Erklä-

---

[21] Ich kann meine Verwunderung nicht bergen, dass Herr *Breitinger* das, was *Wolf* schon damals von der Fabel gelehret hatte, auch nicht im Geringsten gekannt zu haben scheinet. Wolfii Philosophiae practicae universalis pars posterior §§ 302–323. Dieser Teil erschien 1739, und die Breitinger'sche Dichtkunst erst das Jahr darauf.

[22] Principes de Litterature, Tome II. I. Partie, p. V. L'Apologue est le recit d'une action allegorique etc.

rung gar nicht erwähnen zu dürfen. Man siehet sogleich, was von meinen bisherigen Anmerkungen auch wider diese Erklärung anzuwenden ist. Ich will mich daher nicht wiederholen, sondern bloß die fernere Erklärung, welche *Batteux* von der Handlung gibt, untersuchen.

»Eine Handlung, sagt *Batteux*, ist eine Unternehmung, die mit Wahl und Absicht geschiehet. – Die Handlung setzet, außer dem Leben und der Wirksamkeit, auch Wahl und Endzweck voraus und kömmt nur vernünftigen Wesen zu.«

Wenn diese Erklärung ihre Richtigkeit hat, so mögen wir nur neun Zehnteile von allen existierenden Fabeln ausstreichen. *Aesopus* selbst wird alsdann deren kaum zwei oder drei gemacht haben, welche die Probe halten. – »Zwei Hähne kämpfen miteinander. Der Besiegte verkriecht sich. Der Sieger fliegt auf das Dach, schlägt stolz mit den Flügeln und krähet. Plötzlich schießt ein Adler auf den Sieger herab und zerfleischt ihn.«[23] – Ich habe das allezeit für eine sehr glückliche Fabel gehalten, und doch fehlt ihr, nach dem *Batteux*, die Handlung. Denn wo ist hier eine Unternehmung, die mit Wahl und Absicht geschähe? – »Der Hirsch betrachtet sich in einer spiegelnden Quelle, er schämt sich seiner dürren Läufte und freuet sich seines stolzen Geweihes. Aber nicht lange! Hinter ihm ertönet die Jagd, seine dürren Läufte bringen ihn glücklich ins Gehölze, da verstrickt ihn sein stolzes Geweih, er wird erreicht.«[24] – Auch hier sehe ich keine Unternehmung, keine Absicht. Die Jagd ist zwar eine Unternehmung, und der fliehende Hirsch hat die Absicht, sich zu retten, aber beide Umstände gehören eigentlich nicht zur Fabel, weil

---

[23] Fab. Aesop. 145.
[24] Fab. Aesop. 181.

man sie, ohne Nachteil derselben, weglassen und verändern kann. Und dennoch fehlt es ihr nicht an Handlung. Denn die Handlung liegt in dem *falsch befundenen Urteile* des Hirsches. Der Hirsch urteilet falsch und lernet gleich darauf aus der Erfahrung, dass er falsch geurteilet habe. Hier ist also eine Folge von Veränderungen, die einen einzigen anschauenden Begriff in mir erwecken. – Und das ist meine obige Erklärung der Handlung, von der ich glaube, dass sie auf alle gute Fabeln passen wird.

Gibt es aber doch wohl Kunstrichter, welche einen noch engern, und zwar so materiellen Begriff mit dem Worte *Handlung* verbinden, dass sie nirgends Handlung sehen, als wo die Körper so tätig sind, dass sie eine gewisse Veränderung des Raumes erfordern. Sie finden in keinem Trauerspiele Handlung, als wo der Liebhaber zu Füßen fällt, die Prinzessin ohnmächtig wird, die Helden sich balgen, und in keiner Fabel, als wo der Fuchs *springt*, der Wolf *zerreißet* und der Frosch die Maus sich an das Bein *bindet*. Es hat ihnen nie beifallen wollen, dass auch jeder innere Kampf von Leidenschaften, jede Folge von verschiedenen Gedanken, wo eine die andere aufhebt, eine Handlung sei; vielleicht weil sie viel zu mechanisch denken und fühlen, als dass sie sich irgendeiner Tätigkeit dabei bewusst wären. – Ernsthafter sie zu widerlegen würde eine unnütze Mühe sein. Es ist aber nur schade, dass sie sich einigermaßen mit dem *Batteux* schützen, wenigstens behaupten können, ihre Erklärung mit ihm aus einerlei Fabeln abstrahiert zu haben. Denn wirklich, auf welche Fabel die Erklärung des *Batteux* passet, passet auch ihre, so abgeschmackt sie immer ist.

Batteux, wie ich wohl darauf wetten wollte, hat bei seiner Erklärung nur die *erste* Fabel des *Phaedrus* vor Augen gehabt, die er, mehr als einmal, une des plus belles et des plus celebres de l'antiquité nennet. Es ist wahr, in dieser ist die Handlung ein Unternehmen, das mit Wahl und Absicht geschiehet. Der Wolf nimmt sich vor, das Schaf zu zerreißen, fauce improba incitatus; er will es aber nicht so plump zu, er will es mit einem Scheine des Rechts tun, und also jurgii causam intulit. – Ich spreche dieser Fabel ihr Lob nicht ab; sie ist so vollkommen, als sie nur sein kann. Allein sie ist nicht deswegen vollkommen, weil ihre Handlung ein Unternehmen ist, das mit Wahl und Absicht geschiehet, sondern weil sie ihrer Moral, die von einem solchen Unternehmen spricht, ein völliges Genüge tut. Die Moral ist[25]: ὁις προθεσις ἀδικειν, παρ' αυτοις ὀυ δικαιολογια ἰσχυει. Wer den *Vorsatz* hat, einen Unschuldigen zu unterdrücken, der wird es zwar μετ' ἐυλογου ἀιτιας zu tun suchen; er wird einen scheinbaren Vorwand *wählen*, aber sich im Geringsten nicht von seinem einmal gefassten Entschlusse abbringen lassen, wenn sein Vorwand gleich völlig zuschanden gemacht wird. Diese Moral redet von einem *Vorsatze* (dessein); sie redet von gewissen, vor andern vorzüglich *gewählten* Mitteln, diesen Vorsatz zu vollführen (choix): Und folglich muss auch in der Fabel etwas sein, was diesem Vorsatze, diesen gewählten Mitteln entspricht; es muss in der Fabel sich ein Unternehmen finden, das mit Wahl und Absicht geschiehet. Bloß dadurch wird sie zu einer *vollkommenen* Fabel, welches sie nicht sein würde, wenn sie den geringsten Zug mehr oder weniger enthielte, als den Lehrsatz anschauend zu machen nötig ist. *Batteux* bemerkt alle ihre kleinen Schönheiten des Ausdrucks und stellet sie von dieser Seite in ein sehr

---

[25] Fab. Aesop. 230.

vorteilhaftes Licht; nur ihre wesentliche Vortrefflichkeit lässt er unerörtert und verleitet seine Leser sogar, sie zu verkennen. Er sagt nämlich, die Moral, die aus dieser Fabel fließe, sei: que le plus foible est souvent opprimé par le plus fort. Wie seicht! Wie falsch! Wenn sie weiter nichts als dieses lehren sollte, so hätte wahrlich der Dichter die fictae causae des Wolfs sehr vergebens, sehr für die Langeweile erfunden; seine Fabel sagte mehr, als er damit hätte sagen wollen, und wäre, mit einem Worte, schlecht.

Ich will mich nicht in mehrere Exempel zerstreuen. Man untersuche es nur selbst, und man wird durchgängig finden, dass es bloß von der Beschaffenheit des Lehrsatzes abhängt, ob die Fabel eine solche Handlung, wie sie *Batteux* ohne Ausnahme fordert, haben muss oder entbehren kann. Der Lehrsatz der itzt erwähnten Fabel des *Phaedrus* machte sie, wie wir gesehen, notwendig, aber tun es deswegen alle Lehrsätze? Sind alle Lehrsätze von dieser Art? Oder haben allein die, welche es sind, das Recht, in eine Fabel eingekleidet zu werden? Ist z. E. der Erfahrungssatz

Laudatis utiliora quae contemseris
Saepe inveniri

nicht wert, in einem einzeln Falle, welcher die Stelle einer Demonstration vertreten kann, erkannt zu werden? Und wenn er es ist, was für ein Unternehmen, was für eine Absicht, was für eine Wahl liegt darin, welche der Dichter auch in der Fabel auszudrücken gehalten wäre?

So viel ist wahr: Wenn aus einem Erfahrungssatze *unmittelbar* eine Pflicht, etwas zu tun oder zu lassen, folgt, so tut der Dichter besser, wenn er die Pflicht, als wenn er den bloßen Erfahrungssatz in seiner Fabel ausdrückt. –

»Groß sein ist nicht immer ein Glück« – diesen Erfahrungssatz in eine *schöne* Fabel zu bringen möchte kaum möglich sein. Die obige Fabel von dem Fischer, welcher nur der größten Fische habhaft bleibet, indem die kleinern glücklich durch das Netz durchschlupfen, ist, in mehr als einer Betrachtung, ein sehr misslungener Versuch. Aber wer heißt auch dem Dichter, die Wahrheit von dieser schielenden und unfruchtbaren Seite nehmen? Wenn groß sein nicht immer ein Glück ist, so ist es oft ein Unglück; und wehe dem, der wider seinen Willen groß ward, den das Glück ohne sein Zutun erhob, um ihn ohne sein Verschulden desto elender zu machen! Die großen Fische mussten groß werden; es stand nicht bei ihnen, klein zu bleiben. Ich danke dem Dichter für kein Bild, in welchem ebenso viele ihr Unglück als ihr Glück erkennen. Er soll niemanden mit seinen Umständen unzufrieden machen; und hier macht er doch, dass es die Großen mit den ihrigen sein müssen. Nicht das Großsein, sondern die eitele Begierde, groß zu werden (κενοδοξιαν), sollte er uns als eine Quelle des Unglücks zeigen. Und das tat jener Alte[26], der die Fabel von den Mäusen und Wieseln erzählte. »Die Mäuse glaubten, dass sie nur deswegen in ihrem Kriege mit den Wieseln so unglücklich wären, weil sie keine Heerführer hätten, und beschlossen, dergleichen zu wählen. Wie rang nicht diese und jene ehrgeizige Maus, es zu werden! Und wie teuer kam ihr am Ende dieser Vorzug zu stehen! Die Eiteln banden sich Hörner auf,

– – – ut conspicuum in praelio
Haberent signum, quod sequerentur milites,

---

[26] Fab. Aesop. 243. Phaedrus lib. IV. Fab. 5.

und diese Hörner, als ihr Heer dennoch wieder geschlagen ward, hinderten sie, sich in ihre engen Löcher zu retten,

> Haesere in portis, suntque capti ab hostibus
> Quos immolatos victor avidis dentibus
> Capacis alvi mersit tartareo specu.«

Diese Fabel ist ungleich schöner. Wodurch ist sie es aber anders geworden als dadurch, dass der Dichter die Moral bestimmter und fruchtbarer angenommen hat? Er hat das *Bestreben* nach einer *eiteln* Größe, und nicht die Größe überhaupt, zu seinem Gegenstande gewählet; und nur durch dieses *Bestreben*, durch diese *eitle* Größe, ist natürlicherweise auch in seine Fabel das Leben gekommen, das uns so sehr in ihr gefällt.

Überhaupt hat *Batteux* die Handlung der aesopischen Fabel mit der Handlung der Epopee und des Drama viel zu sehr verwirrt. Die Handlung der beiden Letztern muss außer der Absicht, welche der Dichter damit verbindet, auch eine innere, ihr selbst zukommende Absicht haben. Die Handlung der Erstern braucht diese innere Absicht nicht, und sie ist vollkommen genug, wenn nur der Dichter seine Absicht damit erreichet. Der heroische und dramatische Dichter machen die Erregung der Leidenschaften zu ihrem vornehmsten Endzwecke. Er kann sie aber nicht anders erregen als durch nachgeahmte Leidenschaften; und nachahmen kann er die Leidenschaften nicht anders, als wenn er ihnen gewisse Ziele setzt, welchen sie sich zu nähern oder von welchen sie sich zu entfernen streben. Er muss also in die Handlung selbst Absichten legen, und diese Absichten unter eine Hauptabsicht so zu bringen wissen, dass verschiedene Leidenschaften nebeneinander bestehen können. Der Fabuliste hingegen hat mit unsern Leidenschaften nichts zu tun, sondern allein mit unserer Erkenntnis. Er will uns von irgendeiner einzeln moralischen Wahrheit lebendig überzeugen. Das ist seine Absicht, und diese sucht er, nach Maßgebung der Wahrheit, durch die sinnliche Vorstellung einer Handlung bald mit, bald ohne Absichten zu erhalten. Sobald er sie erhalten hat, ist es ihm gleichviel, ob die von ihm erdichtete Handlung ihre innere Endschaft erreicht hat oder nicht. Er lässt seine Personen oft mitten auf dem Wege stehen und denket im Geringsten nicht daran, unserer Neugierde ihretwegen ein Genüge zu tun. »Der Wolf beschuldiget den Fuchs eines Diebstahls. Der Fuchs leugnet die Tat. Der Affe soll Richter sein. Kläger und Beklagter bringen ihre Gründe und Gegengründe vor. Endlich schreitet der Affe zum Urteil[27]:

> Tu non videris perdidisse, quod petis;
> Te credo surripuisse, quod pulchre negas.«

Die Fabel ist aus; denn in dem Urteil des Affen lieget die Moral, die der Fabulist zum Augenmerke gehabt hat. Ist aber das Unternehmen aus, das uns der Anfang derselben verspricht? Man bringe diese Geschichte in Gedanken auf die komische Bühne, und man wird sogleich sehen, dass sie durch einen sinnreichen Einfall *abgeschnitten*, aber nicht *geendigt* ist. Der Zuschauer ist nicht zufrieden, wenn er voraussiehet, dass die Streitigkeit hinter der Szene wieder von vorne angehen muss. – »Ein armer geplagter Greis ward unwillig, warf seine Last von dem Rücken und rief

---

[27] Phaedrus lib. I. Fab. 10.

den Tod. Der Tod erscheinet. Der Greis erschrickt und fühlt betroffen, dass elend leben doch besser als gar nicht leben ist. Nun, was soll ich?, fragt der Tod. Ach, lieber Tod, mir meine Last wieder aufhelfen.«[28] – Der Fabulist ist glücklich und zu unserm Vergnügen an seinem Ziele. Aber auch die Geschichte? Wie ging es dem Greise? Ließ ihn der Tod leben, oder nahm er ihn mit? Um alle solche Fragen bekümmert sich der Fabulist nicht; der dramatische Dichter aber muss ihnen vorbauen.

Und so wird man hundert Beispiele finden, dass wir uns zu einer Handlung für die Fabel mit weit wenigerm begnügen als zu einer Handlung für das Heldengedichte oder das Drama. Will man daher eine allgemeine Erklärung von der *Handlung* geben, so kann man unmöglich die Erklärung des *Batteux* dafür brauchen, sondern muss sie notwendig so weitläuftig machen, als ich es oben getan habe. – Aber der Sprachgebrauch?, wird man einwerfen. Ich gestehe es; dem Sprachgebrauche nach heißt *gemeiniglich* das eine Handlung, was einem gewissen Vorsatze zufolge unternommen wird; dem Sprachgebrauche nach muss dieser Vorsatz ganz erreicht sein, wenn man soll sagen können, dass die Handlung zu Ende sei. Allein was folgt hieraus? Dieses: Wem der Sprachgebrauch so gar heilig ist, dass er ihn auf keine Weise zu verletzen wagt, der enthalte sich des Wortes *Handlung*, insofern es eine *wesentliche* Eigenschaft der Fabel ausdrücken soll, ganz und gar. –

Und, alles wohl überlegt, dem Rate werde ich selbst folgen. Ich will nicht sagen, die moralische Lehre werde in der Fabel durch eine Handlung ausgedrückt, sondern

---

[28] Fab. Aesop. 20.

ich will lieber ein Wort von einem weitern Umfange suchen und sagen, der allgemeine Satz werde durch die Fabel *auf einen einzeln Fall zurückgeführet*. Dieser einzelne Fall wird *allezeit* das sein, was ich oben unter dem Worte Handlung verstanden habe; das aber, was *Batteux* darunter verstehet, wird er nur *dann und wann* sein. Er wird allezeit eine Folge von Veränderungen sein, die durch die Absicht, die der Fabulist damit verbindet, zu einem Ganzen werden. Sind sie es auch außer dieser Absicht, desto besser! Eine Folge von Veränderungen – dass es aber Veränderungen *freier, moralischer* Wesen sein müssen, verstehet sich von selbst. Denn sie sollen einen Fall ausmachen, der unter einem Allgemeinen, das sich nur von *moralischen* Wesen sagen lässt, mit begriffen ist. Und darin hat *Batteux* freilich recht, dass das, was er die Handlung der Fabel nennet, bloß vernünftigen Wesen zukomme. Nur kömmt es ihnen nicht deswegen zu, weil es ein Unternehmen mit Absicht ist, sondern weil es Freiheit voraussetzt. Denn die Freiheit handelt zwar allezeit aus Gründen, aber nicht allezeit aus Absichten. –

Sind es meine Leser nun bald müde, mich nichts als widerlegen zu hören? Ich wenigstens bin es. *De La Motte, Rieber, Breitinger, Batteux* sind Kunstrichter von allerlei Art, mittelmäßige, gute, vortreffliche. Man ist in Gefahr, sich auf dem Wege zur Wahrheit zu verirren, wenn man sich um gar keine Vorgänger bekümmert; und man versäumet sich ohne Not, wenn man sich um alle bekümmern will.

Wie weit bin ich? Hui, dass mir meine Leser alles, was ich mir so mühsam erstritten habe, von selbst geschenkt hätten! – In der Fabel wird *nicht eine jede Wahrheit*, sondern ein allgemeiner moralischer Satz *nicht unter die Allegorie einer Handlung*, sondern auf einen einzeln Fall *nicht versteckt oder verkleidet*, sondern so zurückgeführet, dass ich *nicht bloß einige Ähnlichkeiten mit dem moralischen Satze in ihm entdecke*, sondern diesen ganz anschauend darin erkenne.

Und das ist das Wesen der Fabel? Das ist es, ganz erschöpft? – Ich wollte es gern meine Leser bereden, wenn ich es nur erst selbst glaubte. – Ich lese bei dem *Aristoteles*[29]: »Eine obrigkeitliche Person durch das Los ernennen ist eben, als wenn ein Schiffsherr, der einen Steuermann braucht, es auf das Los ankommen ließe, welcher von seinen Matrosen es sein sollte, anstatt dass er den Allergeschicktesten dazu unter ihnen mit Fleiß aussuchte.« – Hier sind zwei besondere Fälle, die unter eine allgemeine moralische Wahrheit gehören. Der eine ist der sich eben itzt äußernde, der andere ist der erdichtete. Ist dieser erdichtete eine Fabel? Niemand wird ihn dafür gelten lassen. – Aber wenn es bei dem *Aristoteles* so hieße: »Ihr wollt euren Magistrat durch das Los ernennen? Ich sorge, es wird euch gehen wie jenem Schiffsherrn, der, als es ihm an einem Steuermanne fehlte etc.« Das verspricht doch eine Fabel? Und warum? Welche Veränderung ist damit vorgegangen? Man betrachte alles genau, und man wird keine finden als diese: Dort ward der Schiffsherr durch ein *als wenn* eingeführt, er ward bloß als *möglich* betrachtet; und hier hat er die *Wirklichkeit* erhalten, es ist hier ein gewisser, es ist *jener* Schiffsherr.

Das trifft den Punkt! Der *einzelne Fall*, aus welchem die Fabel bestehet, muss als wirklich vorgestellet werden. Begnüge ich mich an der Möglichkeit desselben, so ist es ein *Beispiel*, eine *Parabel*. – Es verlohnt sich der Mühe, diesen

---

[29] Aristoteles Rhetor. lib. II. cap. 20.

wichtigen Unterschied, aus welchem man allein so viel zweideutigen Fabeln das Urteil sprechen muss, an einigen Exempeln zu zeigen. – Unter den aesopischen Fabeln des *Planudes* lieset man auch Folgendes: »Der Biber ist ein vierfüßiges Tier, das meistens im Wasser wohnet und dessen Geilen in der Medizin von großem Nutzen sind. Wenn nun dieses Tier von den Menschen verfolgt wird und ihnen nicht mehr entkommen kann, was tut es? Es beißt sich selbst die Geilen ab und wirft sie seinen Verfolgern zu. Denn es weiß gar wohl, dass man ihm nur dieserwegen nachstellet und es sein Leben und seine Freiheit wohlfeiler nicht erkaufen kann.«[30] – Ist das eine Fabel? Es liegt wenigstens eine vortreffliche Moral darin. Und dennoch wird sich niemand bedenken, ihr den Namen einer Fabel abzusprechen. Nur über die Ursache, warum er ihr abzusprechen sei, werden sich vielleicht die meisten bedenken und uns doch endlich eine falsche angeben. Es ist nichts als eine Naturgeschichte: würde man vielleicht mit dem Verfasser der *Critischen Briefe*[31] sagen. Aber gleichwohl, würde ich mit ebendiesem Verfasser antworten, handelt hier der Biber nicht aus bloßem Instinkt, er handelt aus freier Wahl und nach reifer Überlegung, denn er weiß es, warum er verfolgt wird (γινωσκων ὀυ χαριν διωκεται). Diese Erhebung des Instinkts zur Vernunft, wenn ich ihm glauben soll, macht es ja eben, dass eine Begegnis aus dem Reiche der Tiere zu einer Fabel wird. Warum wird sie es denn hier nicht? Ich sage: Sie wird es deswegen nicht, weil ihr die *Wirklichkeit* fehlet. Die Wirklichkeit kömmt nur dem Einzeln, dem Individuo zu, und

---

[30] Fab. Aesop. 33.
[31] Critische Briefe. Zürich 1746, S. 168.

es lässt sich keine Wirklichkeit ohne die Individualität gedenken. Was also hier von dem ganzen Geschlechte der Biber gesagt wird, hätte müssen nur von einem einzigen Biber gesagt werden, und alsdenn wäre es eine Fabel geworden. – Ein ander Exempel: »Die Affen, sagt man, bringen zwei Junge zur Welt, wovon sie das eine sehr heftig lieben und mit aller möglichen Sorgfalt pflegen, das andere hingegen hassen und versäumen. Durch ein sonderbares Geschick aber geschieht es, dass die Mutter das Geliebte unter häufigen Liebkosungen erdrückt, indem das Verachtete glücklich aufwächset.«[32] Auch dieses ist aus eben der Ursache, weil das, was nur von einem Individuo gesagt werden sollte, von einer ganzen Art gesagt wird, keine Fabel. Als daher *l'Estrange* eine Fabel daraus machen wollte, musste er ihm diese Allgemeinheit nehmen und die Individualität dafür erteilen[33]. »Eine Äffin, erzählt er, hatte zwei Junge; in das eine war sie närrisch verliebt, an dem andern aber war ihr sehr wenig gelegen. Einsmals überfiel sie ein plötzlicher Schrecken. Geschwind rafft sie ihren Liebling auf, nimmt ihn in die Arme, eilt davon, stürzt aber und schlägt mit ihm gegen einen Stein, dass ihm das Gehirn aus dem zerschmetterten Schädel springt. Das andere Junge, um das sie sich im Geringsten nicht bekümmert hatte, war ihr von selbst auf den Rücken gesprungen, hatte sich an ihre Schultern angeklammert und kam glücklich davon.« – Hier ist alles bestimmt; und was dort nur eine *Parabel* war, ist hier zur *Fabel* geworden. – Das schon mehr als einmal angeführte Beispiel von dem Fischer hat den nämlichen Fehler; denn selten hat eine

---

[32] Fab. Aesop. 268.
[33] In seinen Fabeln, so wie sie Richardson adoptiert hat, die 187.

schlechte Fabel einen Fehler allein. Der Fall ereignet sich allezeit, sooft das Netz gezogen wird, dass die Fische, welche kleiner sind als die Gitter des Netzes, durchschlupfen und die größern hangen bleiben. Für sich selbst ist dieser Fall also kein individueller Fall, sondern hätte es durch andere mit ihm verbundene Nebenumstände erst werden müssen.

Die Sache hat also ihre Richtigkeit: Der besondere Fall, aus welchem die Fabel bestehet, muss als wirklich vorgestellt werden; er muss das sein, was wir in dem strengsten Verstande einen *einzeln* Fall nennen. Aber warum? Wie steht es um die philosophische Ursache? Warum begnügt sich das Exempel der praktischen Sittenlehre, wie man die Fabel nennen kann, nicht mit der bloßen Möglichkeit, mit der sich die Exempel andrer Wissenschaften begnügen? – Wie viel ließe sich hiervon plaudern, wenn ich bei meinen Lesern gar keine richtige psychologische Begriffe voraussetzen wollte. Ich habe mich oben schon geweigert, die Lehre von der anschauenden Erkenntnis aus unserm Weltweisen abzuschreiben. Und ich will auch hier nicht mehr davon beibringen, als unumgänglich nötig ist, die Folge meiner Gedanken zu zeigen.

Die anschauende Erkenntnis ist für sich selbst klar. Die symbolische entlehnet ihre Klarheit von der anschauenden.

Das Allgemeine existieret nur in dem Besondern und kann nur in dem Besondern anschauend erkannt werden.

Einem allgemeinen symbolischen Schlusse folglich alle die Klarheit zu geben, deren er fähig ist, das ist, ihn so viel als möglich zu erläutern, müssen wir ihn auf das Besondere reduzieren, um ihn in diesem anschauend zu erkennen.

Ein Besonderes, insofern wir das Allgemeine in ihm anschauend erkennen, heißt ein Exempel.

Die allgemeinen symbolischen Schlüsse werden also durch Exempel erläutert. Alle Wissenschaften bestehen aus dergleichen symbolischen Schlüssen; alle Wissenschaften bedürfen daher der Exempel.

Doch die Sittenlehre muss mehr tun als ihre allgemeinen Schlüsse bloß erläutern; und die Klarheit ist nicht der einzige Vorzug der anschauenden Erkenntnis.

Weil wir durch diese einen Satz geschwinder übersehen und so in einer kürzern Zeit mehr Bewegungsgründe in ihm entdecken können, als wenn er symbolisch ausgedrückt ist: So hat die anschauende Erkenntnis auch einen weit größern Einfluss in den Willen als die symbolische.

Die Grade dieses Einflusses richten sich nach den Graden ihrer Lebhaftigkeit; und die Grade ihrer Lebhaftigkeit nach den Graden der nähern und mehrern Bestimmungen, in die das Besondere gesetzt wird. Je näher das Besondere bestimmt wird, je mehr sich darin unterscheiden lässt, desto größer ist die Lebhaftigkeit der anschauenden Erkenntnis.

Die Möglichkeit ist eine Art des Allgemeinen; denn alles, was möglich ist, ist auf verschiedene Art möglich.

Ein Besonderes also, bloß als möglich betrachtet, ist gewissermaßen noch etwas Allgemeines und hindert, als dieses, die Lebhaftigkeit der anschauenden Erkenntnis.

Folglich muss es als wirklich betrachtet werden und die Individualität erhalten, unter der es allein wirklich sein kann, wenn die anschauende Erkenntnis den höchsten Grad ihrer Lebhaftigkeit erreichen und so mächtig als möglich auf den Willen wirken soll.

Das Mehrere aber, das die Sittenlehre, außer der Erläuterung, ihren allgemeinen Schlüssen schuldig ist, bestehet eben in dieser ihnen zu erteilenden Fähigkeit, auf den Willen zu wirken, die sie durch die anschauende Erkenntnis in dem Wirklichen erhalten, da andere Wissenschaften, denen es um die bloße Erläuterung zu tun ist, sich mit einer geringern Lebhaftigkeit der anschauenden Erkenntnis, deren das Besondere, als bloß möglich betrachtet, fähig ist, begnügen.

Hier bin ich also! Die Fabel erfordert deswegen einen wirklichen Fall, weil man in einem wirklichen Falle mehr Bewegungsgründe und deutlicher unterscheiden kann als in einem möglichen, weil das Wirkliche eine lebhaftere Überzeugung mit sich führet als das bloß Mögliche.

Aristoteles scheinet diese Kraft des Wirklichen zwar gekannt zu haben; weil er sie aber aus einer unrechten Quelle herleitet, so konnte es nicht fehlen, er musste eine falsche Anwendung davon machen. Es wird nicht undienlich sein, seine ganze Lehre von dem Exempel (περι παραδειγματος) hier zu übersehen[34]. Erst von seiner Einteilung des Exempels: Παραδειγματων δ' ειδη δυο εστιν, sagt er, εν μεν γαρ εστι παραδειγματος ειδος, το λεγειν πραγματα προγεγενημενα, εν δε, το αυτα ποιειν. Τουτου δ' εν μεν παραβολη: εν δε λογοι: οιον οι αισωπειοι και λιβυκοι. Die Einteilung überhaupt ist richtig; von einem Kommentator aber würde ich verlangen, dass er uns den Grund von der Unterabteilung der *erdichteten Exempel* beibrächte und uns lehrte, warum es deren nur zweierlei Arten gäbe und mehrere nicht geben könne. Er würde diesen Grund, wie ich es oben getan habe, leicht aus den Beispielen selbst abstrahieren können, die Aristoteles davon gibt. Die *Parabel* nämlich führt er durch ein ὡσπερ ει τις ein; und die Fabeln erzählt er als etwas wirklich Geschehenes. Der Kommentator müsste also diese Stelle so umschreiben: Die Exempel werden entweder

---

[34] Aristoteles Rhetor. lib. II. cap. 20.

aus der Geschichte genommen oder in Ermangelung derselben erdichtet. Bei jedem geschehenen Dinge lässt sich die innere Möglichkeit von seiner Wirklichkeit unterscheiden, obgleich nicht trennen, wenn es ein geschehenes Ding bleiben soll. Die Kraft, die es als ein Exempel haben soll, liegt also entweder in seiner bloßen Möglichkeit oder zugleich in seiner Wirklichkeit. Soll sie bloß in jener liegen, so brauchen wir, in seiner Ermangelung, auch nur ein bloß mögliches Ding zu erdichten; soll sie aber in dieser liegen, so müssen wir auch unsere Erdichtung von der Möglichkeit zur Wirklichkeit erheben. In dem ersten Falle erdichten wir eine *Parabel* und in dem andern eine *Fabel*. – (Was für eine weitere Einteilung der *Fabel* hieraus folge, wird sich in der dritten Abhandlung zeigen.)

Und so weit ist wider die Lehre des Griechen eigentlich nichts zu erinnern. Aber nunmehr kömmt er auf den Wert dieser verschiedenen Arten von Exempeln und sagt: Εισι δ' οι λογοι δημηγορικοι· και εχουσιν αγαθον τουτο, οτι πραγματα μεν ευρειν ομοια γεγενημενα, χαλεπον, λογους δε ῥᾷον. Ποιησαι γαρ δει ωσπερ και παραβολας, αν τις δυνηται το ομοιον ορᾶν, οπερ ῥᾷον εστιν εκ φιλοσοφιας. Ῥᾳω μεν ουν πορισασθαι τα δια των λογων· χρησιμωτερα δε προς το βουλευσασθαι, τα δια των πραγματων· ομοια γαρ, ως επι το πολυ, τα μελλοντα τοις γεγονοσι. Ich will mich itzt nur an den letzten Ausspruch dieser Stelle halten. *Aristoteles* sagt, die historischen Exempel hätten deswegen eine größere Kraft zu überzeugen als die Fabeln, weil das Vergangene gemeiniglich dem Zukünftigen ähnlich sei. Und hierin, glaube ich, hat sich *Aristoteles* geirret. Von der Wirklichkeit eines Falles, den ich nicht selbst erfahren habe, kann ich nicht anders als aus Gründen der Wahrscheinlichkeit überzeugt werden. Ich glaube bloß deswegen, dass ein Ding geschehen und dass es soundso geschehen ist, weil es höchst wahrscheinlich ist und höchst unwahrscheinlich sein würde, wenn es nicht oder wenn es anders geschehen wäre. Da also einzig und allein die innere Wahrscheinlichkeit mich die ehemalige Wirklichkeit eines Falles glauben macht und diese innere Wahrscheinlichkeit sich ebenso wohl in einem erdichteten Falle finden kann: Was kann die Wirklichkeit des Erstern für eine größere Kraft auf meine Überzeugung haben als die Wirklichkeit des andern? Ja noch mehr. Da das historische Wahre nicht immer auch wahrscheinlich ist, da *Aristoteles* selbst die Sentenz des *Agatho* billiget:

Ταχ' ἀν τις εικος αυτο τουτ' ειναι λεγοι:
Βροτοισι πολλα τυγχανειν ουκ εικοτα,

da er hier selbst sagt, dass das Vergangene nur *gemeiniglich* (ἐπι το πολυ) dem Zukünftigen ähnlich sei, der Dichter aber die freie Gewalt hat, hierin von der Natur abzugehen und alles, was er für wahr ausgibt, auch wahrscheinlich zu machen: So sollte ich meinen, wäre es wohl klar, dass den Fabeln, überhaupt zu reden, in Ansehung der Überzeugungskraft, der Vorzug vor den historischen Exempeln gebühre etc.

Und nunmehr glaube ich meine Meinung von dem Wesen der Fabel genugsam vorbereitet zu haben. Ich fasse daher alles zusammen und sage: *Wenn wir einen allgemeinen moralischen Satz auf einen besondern Fall zurückführen, diesem besondern Falle die Wirklichkeit erteilen und eine Geschichte daraus dichten, in welcher man den allgemeinen Satz anschauend erkennt: So heißt diese Erdichtung eine Fabel.*

Das ist meine Erklärung, und ich hoffe, dass man sie, bei der Anwendung, ebenso richtig als fruchtbar finden wird.

II. Von dem Gebrauche der Tiere in der Fabel

Der größte Teil der Fabeln hat Tiere, und wohl noch geringere Geschöpfe, zu handelnden Personen. – Was ist hiervon zu halten? Ist es eine wesentliche Eigenschaft der Fabel, dass die Tiere darin zu moralischen Wesen erhoben werden? Ist es ein Handgriff, der dem Dichter die Erreichung seiner Absicht verkürzt und erleichtert? Ist es ein Gebrauch, der eigentlich keinen ernstlichen Nutzen hat, den man aber, zu Ehren des ersten Erfinders, beibehält, weil er wenigstens *schnackisch* ist – quod risum movet? Oder was ist es?

Batteux hat diese Fragen entweder gar nicht vorausgesehen, oder er war listig genug, dass er ihnen damit zu entkommen glaubte, wenn er den Gebrauch der Tiere seiner Erklärung sogleich mit *anflickte*. Die Fabel, sagt er, ist die Erzählung einer allegorischen Handlung, *die gemeiniglich den Tieren beigelegt wird.* – Vollkommen à la Françoise! Oder wie der Hahn über die Kohlen! – Warum, möchten wir gerne wissen, warum wird sie gemeiniglich den Tieren beigelegt? Oh, was ein langsamer Deutscher nicht alles fragt!

Überhaupt ist unter allen Kunstrichtern *Breitinger* der Einzige, der diesen Punkt berührt hat. Er verdient es also um so viel mehr, dass wir ihn hören. »Weil Aesopus, sagt er, die Fabel zum Unterrichte des gemeinen bürgerlichen Lebens angewendet, so waren seine Lehren meistens ganz bekannte Sätze und Lebensregeln, und also musste er auch zu den allegorischen Vorstellungen derselben ganz gewohnte Handlungen und Beispiele aus dem gemeinen Leben der Menschen entlehnen: Da nun aber die täglichen Geschäfte und Handlungen der Menschen nichts Ungemeines oder merkwürdig Reizendes an sich haben, so musste man notwendig auf ein neues Mittel bedacht sein, auch der allegorischen Erzählung eine anzügliche Kraft und ein reizendes Ansehen mitzuteilen, um ihr also dadurch einen sichern Eingang in das menschliche Herz aufzuschließen. Nachdem man nun wahrgenommen, dass allein das Seltene, Neue und Wunderbare eine solche erweckende und angenehm entzückende Kraft auf das menschliche Gemüt mit sich führt, so war man bedacht, die Erzählung durch die Neuheit und Seltsamkeit der Vorstellungen wunderbar zu machen und also dem Körper der Fabel eine ungemeine und reizende Schönheit beizulegen. Die Erzählung bestehet aus zween wesentlichen Hauptumständen, dem Umstande der Person und der Sache oder Handlung; ohne diese kann keine Erzählung Platz haben. Also muss das Wunderbare, welches in der Erzählung herrschen soll, sich entweder auf die Handlung selbst oder auf die Personen, denen selbige zugeschrieben wird, beziehen. Das Wunderbare, das in den täglichen Geschäften und Handlungen der Menschen vorkömmt, bestehet vornehmlich in dem Unvermuteten, sowohl in Absicht auf die Vermessenheit im Unterfangen als die Bosheit oder Torheit im Ausführen, zuweilen auch in einem ganz unerwarteten Ausgange einer Sache: Weil aber dergleichen wunderbare Handlungen in dem gemeinen Leben der Menschen etwas Ungewohntes und Seltenes sind, da hingegen die meisten gewöhnlichen Handlungen gar nichts Ungemeines oder Merkwürdiges an sich haben, so sah man sich gemüßiget, damit die Erzählung als der Körper der Fabel nicht verächtlich würde, derselben durch die Veränderung und Verwandlung der Personen einen angenehmen

Schein des Wunderbaren mitzuteilen. Da nun die Menschen, bei aller ihrer Verschiedenheit, dennoch überhaupt betrachtet in einer wesentlichen Gleichheit und Verwandtschaft stehen, so besann man sich, Wesen von einer höhern Natur, die man wirklich zu sein glaubte, als Götter und Genios oder solche, die man durch die Freiheit der Dichter zu Wesen erschuf, als die Tugenden, die Kräfte der Seele, das Glück, die Gelegenheit etc. in die Erzählung einzuführen; vornehmlich aber nahm man sich die Freiheit heraus, die Tiere, die Pflanzen und noch geringere Wesen, nämlich die leblosen Geschöpfe, zu der höhern Natur der vernünftigen Wesen zu erheben, indem man ihnen menschliche Vernunft und Rede mitteilte, damit sie also fähig würden, uns ihren Zustand und ihre Begegnisse in einer uns vernehmlichen Sprache zu erklären und durch ihr Exempel von ähnlichen moralischen Handlungen unsre Lehrer abzugeben etc.« –

Breitinger also behauptet, dass die Erreichung des Wunderbaren die Ursache sei, warum man in der Fabel die Tiere und andere niedrigere Geschöpfe reden und vernunftmäßig handeln lasse. Und eben weil er dieses für die Ursache hält, glaubt er, dass die Fabel überhaupt, in ihrem Wesen und Ursprunge betrachtet, nichts anders als ein lehrreiches Wunderbare sei. Diese seine *zweite* Erklärung ist es, welche ich hier, versprochnermaßen, untersuchen muss.

Es wird aber bei dieser Untersuchung vornehmlich darauf ankommen, ob die Einführung der Tiere in der Fabel wirklich wunderbar ist. Ist sie es, so hat *Breitinger* viel gewonnen; ist sie es aber nicht, so liegt auch sein ganzes Fabelsystem, mit einmal, über dem Haufen.

Wunderbar soll diese Einführung sein? Das Wunderbare, sagt ebendieser Kunstrichter, legt den Schein der

Wahrheit und Möglichkeit ab. Diese anscheinende Unmöglichkeit also gehöret zu dem Wesen des Wunderbaren; und wie soll ich nunmehr jenen Gebrauch der Alten, den sie selbst schon zu einer Regel gemacht hatten, damit vergleichen? Die Alten nämlich fingen ihre Fabeln am liebsten mit dem Φασι und dem darauf folgenden Klagefalle an. Die griechischen Rhetores nennen dieses kurz, die Fabel in dem Klagefalle (ταις αιτιατικαις) vortragen; und *Theon*, wenn er in seinen *Vorübungen*[35] hierauf kömmt, führt eine Stelle des *Aristoteles* an, wo der Philosoph diesen Gebrauch billiget und es zwar deswegen für ratsamer erkläret, sich bei Einführung einer Fabel lieber auf das Altertum zu berufen, als in der eigenen Person zu sprechen, *damit man den Anschein, als erzähle man etwas Unmögliches, vermindere* (ινα παραμυθησωνται το δοκειν αδυνατα λεγειν). War also das der Alten ihre Denkungsart, wollten sie den Schein der Unmöglichkeit in der Fabel so viel als möglich vermindert wissen: So mussten sie notwendig weit davon entfernt sein, in der Fabel etwas Wunderbares zu suchen oder zur Absicht zu haben; denn das Wunderbare muss sich auf diesen Schein der Unmöglichkeit gründen.

Weiter! Das Wunderbare, sagt *Breitinger* an mehr als einem Orte, sei der höchste Grad des Neuen. Diese Neuheit aber muss das Wunderbare, wenn es seine gehörige Wirkung auf uns tun soll, nicht allein bloß in Ansehung seiner selbst, sondern auch in Ansehung unsrer Vorstellungen haben. Nur *das* ist wunderbar, was sich sehr selten in der Reihe der natürlichen Dinge eräugnet. Und nur *das* Wunderbare behält seinen Eindruck auf uns, dessen Vorstellung in der Reihe unsrer Vorstellungen ebenso selten

---

[35] Nach der Ausgabe des *Camerarius*, S. 28.

vorkömmt. Auf einen fleißigen Bibelleser wird das größte Wunder, das in der Schrift aufgezeichnet ist, den Eindruck bei Weitem nicht mehr machen, den es das erste Mal auf ihn gemacht hat. Er lieset es endlich mit ebenso wenigem Erstaunen, dass die Sonne einmal stillegestanden, als er sie täglich auf- und niedergehen sieht. Das Wunder bleibt immer dasselbe; aber nicht unsere Gemütsverfassung, wenn wir es zu oft denken. – Folglich würde auch die Einführung der Tiere uns höchstens nur in den ersten Fabeln wunderbar vorkommen; fänden wir aber, dass die Tiere fast in allen Fabeln sprächen und urteilten, so würde diese Sonderbarkeit, so groß sie auch an und vor sich selbst wäre, doch gar bald nichts Sonderbares mehr für uns haben.

Aber wozu alle diese Umschweife? Was sich auf einmal umreißen lässt, braucht man das erst zu erschüttern? – Darum kurz: Dass die Tiere, und andere niedrigere Geschöpfe, Sprache und Vernunft haben, wird in der Fabel vorausgesetzt; es wird angenommen und soll nichts weniger als wunderbar sein. – Wenn ich in der Schrift lese[36]: »Da tat der Herr der Eselin den Mund auf, und sie sprach zu Bileam etc.«, so lese ich etwas Wunderbares. Aber wenn ich bei dem *Aesopus* lese[37]: Φασιν, ότε φωνηεντα ήν τα ζωα, την όϊν προς τον δεσποτην έιπειν: »Damals, als die Tiere noch redeten, soll das Schaf zu seinem Hirten gesagt haben«, so ist es ja wohl offenbar, dass mir der Fabulist nichts Wunderbares erzählen will, sondern vielmehr etwas, das zu der Zeit, die er mit Erlaubnis seines Lesers annimmt, dem gemeinen Laufe der Natur vollkommen gemäß war.

---

[36] 4. B. Mos. XXII. 28.
[37] Fab. Aesop. 316.

Und das ist so begreiflich, sollte ich meinen, dass ich mich schämen muss, noch ein Wort hinzuzutun. Ich komme vielmehr sogleich auf die wahre Ursache – die ich wenigstens für die wahre halte –, warum der Fabulist die Tiere oft zu seiner Absicht bequemer findet als die Menschen. – Ich setze sie in die *allgemein bekannte Bestandheit der Charaktere.* – Gesetzt auch, es wäre noch so leicht, in der Geschichte ein Exempel zu finden, in welchem sich diese oder jene moralische Wahrheit anschauend erkennen ließe. Wird sie sich deswegen von jedem, ohne Ausnahme, darin erkennen lassen? Auch von dem, der mit den Charakteren der dabei interessierten Personen nicht vertraut ist? Unmöglich! Und wie viel Personen sind wohl in der Geschichte so allgemein bekannt, dass man sie nur nennen dürfte, um sogleich bei einem jeden den Begriff von der ihnen zukommenden Denkungsart und andern Eigenschaften zu erwecken? Die umständliche Charakterisierung daher zu vermeiden, bei welcher es doch noch immer zweifelhaft ist, ob sie bei allen die nämlichen Ideen hervorbringt, war man gezwungen, sich lieber in die kleine Sphäre derjenigen Wesen einzuschränken, von denen man es zuverlässig weiß, dass auch bei den Unwissendsten ihren Benennungen diese und keine andere Idee entspricht. Und weil von diesen Wesen die wenigsten ihrer Natur nach geschickt waren, die Rollen freier Wesen über sich zu nehmen, so erweiterte man lieber die Schranken ihrer Natur und machte sie, unter gewissen wahrscheinlichen Voraussetzungen, dazu geschickt.

Man hört: *Britannicus und Nero.* Wie viele wissen, was sie hören? Wer war dieser? Wer jener? In welchem Verhältnisse stehen sie gegeneinander? – Aber man hört: *der Wolf und das Lamm*; sogleich weiß jeder, was er hört, und weiß, wie sich das eine zu dem andern verhält. Diese Wörter, welche stracks ihre gewissen Bilder in uns erwecken, befördern die anschauende Erkenntnis, die durch jene Namen, bei welchen auch die, denen sie nicht unbekannt sind, gewiss nicht alle vollkommen ebendasselbe denken, verhindert wird. Wenn daher der Fabulist keine vernünftigen Individua auftreiben kann, die sich durch ihre bloße Benennungen in unsere Einbildungskraft schildern, so ist es ihm erlaubt, und er hat Fug und Recht, dergleichen unter den Tieren oder unter noch geringern Geschöpfen zu suchen. Man setze, in der Fabel von dem Wolfe und dem Lamme, anstatt des Wolfes den *Nero*, anstatt des Lammes den *Britannicus*, und die Fabel hat auf einmal alles verloren, was sie zu einer Fabel für das ganze menschliche Geschlecht macht. Aber man setze anstatt des Lammes und des Wolfes den *Riesen* und den *Zwerg*, und sie verlieret schon weniger; denn auch der *Riese* und *der Zwerg* sind Individua, deren Charakter, ohne weitere Hinzutuung, ziemlich aus der Benennung erhellet. Oder man verwandle sie lieber gar in folgende menschliche Fabel: »Ein Priester kam zu dem armen Manne des Propheten[38] und sagte: Bringe dein weißes Lamm vor den Altar, denn die Götter fordern ein Opfer. Der Arme erwiderte: Mein Nachbar hat eine zahlreiche Herde, und ich habe nur das einzige Lamm. Du hast aber den Göttern ein Gelübde getan, versetzte dieser, weil sie deine Felder gesegnet. – Ich habe kein Feld, war die Antwort. – Nun, so war es damals, als sie deinen Sohn von seiner Krankheit genesen ließen. – Oh, sagte der Arme, die Götter haben ihn selbst zum Opfer hingenommen. Gottloser!, zürnte der Priester, du läs-

---

[38] 2. B. Samuelis XII.

terst!, und riss das Lamm aus seinem Schoße etc.« – – Und wenn in dieser Verwandlung die Fabel noch weniger verloren hat, so kömmt es bloß daher, weil man mit dem Worte *Priester* den Charakter der Habsüchtigkeit, leider, noch weit geschwinder verbindet als den Charakter der Blutdürstigkeit mit dem Worte *Riese* und durch den *armen Mann des Propheten* die Idee der unterdrückten Unschuld noch leichter erregt wird als durch den *Zwerg*. – Der beste Abdruck dieser Fabel, in welchem sie ohne Zweifel am allerwenigsten verloren hat, ist die Fabel von der *Katze* und dem *Hahne*[39]. Doch weil man auch hier sich das Verhältnis der *Katze* gegen den *Hahn* nicht so geschwind denkt als dort das Verhältnis des *Wolfes* zum *Lamme*, so sind diese noch immer die allerbequemsten Wesen, die der Fabulist zu seiner Absicht hat wählen können.

Der Verfasser der oben angeführten *Critischen Briefe* ist mit *Breitingern* einerlei Meinung und sagt unter andern, in der erdichteten Person des *Hermann Axels*[40]: »Die Fabel bekömmt durch diese sonderbare Personen ein wunderliches Ansehen. Es wäre keine ungeschickte Fabel, wenn man dichtete: Ein Mensch sah auf einem hohen Baume die schönsten Birnen hangen, die seine Lust, davon zu essen, mächtig reizeten. Er bemühte sich lange, auf denselben hinaufzuklimmen, aber es war umsonst, er musste es endlich aufgeben. Indem er wegging, sagte er: Es ist mir gesunder, dass ich sie noch länger stehen lasse, sie sind doch noch nicht zeitig genug. Aber dieses Geschichtchen reizet nicht stark genug; es ist zu platt etc.« – Ich gestehe es *Hermann Axeln* zu; das Geschichtchen ist sehr platt und ver-

---

[39] Fab. Aesop. 6.
[40] S. 166.

dienet nichts weniger als den Namen einer guten Fabel. Aber ist es bloß deswegen so platt geworden, weil kein *Tier* darin redet und handelt? Gewiss nicht; sondern es ist es dadurch geworden, weil er das Individuum, den Fuchs, mit dessen bloßem Namen wir einen gewissen Charakter verbinden, aus welchem sich der Grund von der ihm zugeschriebenen Handlung angeben lässt, in ein anders Individuum verwandelt hat, dessen Name keine Idee eines bestimmten Charakters in uns erwecket. »Ein Mensch!« Das ist ein viel zu allgemeiner Begriff für die Fabel. An was für eine Art von Menschen soll ich dabei denken? Es gibt deren so viele! Aber »ein Fuchs!« Der Fabulist weiß nur von *einem* Fuchse, und sobald er mir das Wort nennt, fallen auch meine Gedanken sogleich nur auf *einen* Charakter. Anstatt des Menschen überhaupt hätte *Hermann Axel* also wenigstens einen *Gasconier* setzen müssen. Und alsdenn würde er wohl gefunden haben, dass die Fabel, durch die *bloße* Weglassung des *Tieres*, so viel eben nicht verlöre, besonders wenn er in dem nämlichen Verhältnisse auch die übrigen Umstände geändert und den *Gasconier* nach etwas mehr als nach Birnen lüstern gemacht hätte.

Da also die allgemein bekannten und unveränderlichen Charaktere der Tiere die eigentliche Ursache sind, warum sie der Fabulist zu moralischen Wesen erhebt, so kömmt mir es sehr sonderbar vor, wenn man es *einem* zum besondern Ruhme machen will, »dass der Schwan in seinen Fabeln nicht singe, noch der Pelikan sein Blut für seine Jungen vergieße«[41]. – Als ob man in den Fabelbüchern die Naturgeschichte studieren sollte! Wenn dergleichen Eigenschaften allgemein bekannt sind, so sind sie wert, ge-

---

[41] Man sehe die kritische Vorrede zu M. v. K. neuen Fabeln.

braucht zu werden, der Naturalist mag sie bekräftigen oder nicht. Und derjenige, der sie uns, es sei durch seine Exempel oder durch seine Lehre, aus den Händen spielen will, der nenne uns erst andere Individua, von denen es bekannt ist, dass ihnen die nämlichen Eigenschaften in der Tat zukommen.

Je tiefer wir auf der Leiter der Wesen herabsteigen, desto seltner kommen uns dergleichen allgemein bekannte Charaktere vor. Dieses ist denn auch die Ursache, warum sich der Fabulist so selten in dem Pflanzenreiche, noch seltener in dem Steinreiche und am allerseltensten vielleicht unter den Werken der Kunst finden lässt. Denn dass es deswegen geschehen sollte, weil es stufenweise immer unwahrscheinlicher werde, dass diese geringern Werke der Natur und Kunst empfinden, denken und sprechen könnten, will mir nicht ein. Die Fabel von dem ehernen und dem irdenen Topfe ist nicht um ein Haar schlechter oder unwahrscheinlicher als die beste Fabel z. E. von einem Affen, so nahe auch dieser dem Menschen verwandt ist und so unendlich weit jene von ihm abstehen.

Indem ich aber die Charaktere der Tiere zur eigentlichen Ursache ihres vorzüglichen Gebrauchs in der Fabel mache, will ich nicht sagen, dass die Tiere dem Fabulisten sonst zu weiter gar nichts nützten. Ich weiß es sehr wohl, dass sie unter andern in der *zusammengesetzten Fabel* das Vergnügen der Vergleichung um ein großes vermehren, welches alsdenn kaum merklich ist, wenn, sowohl der wahre als der erdichtete einzelne Fall, beide aus handelnden Personen von einerlei Art, aus Menschen, bestehen. Da aber dieser Nutzen, wie gesagt, nur in der *zusammengesetzten Fabel* stattfindet, so kann er die Ursache nicht sein, warum die Tiere auch in der *einfachen Fabel*, und also in der Fabel überhaupt, dem Dichter sich gemeiniglich mehr empfehlen als die Menschen.

Ja, ich will es wagen, den Tieren und andern geringern Geschöpfen in der Fabel noch einen Nutzen zuzuschreiben, auf welchen ich vielleicht durch Schlüsse nie gekommen wäre, wenn mich nicht mein Gefühl darauf gebracht hätte. Die Fabel hat unsere klare und lebendige Erkenntnis eines moralischen Satzes zur Absicht. Nichts verdunkelt unsere Erkenntnis mehr als die Leidenschaften. Folglich muss der Fabulist die Erregung der Leidenschaften so viel als möglich vermeiden. Wie kann er aber anders z. B. die Erregung des Mitleids vermeiden, als wenn er die Gegenstände desselben unvollkommener macht und anstatt der Menschen Tiere oder noch geringere Geschöpfe annimmt? Man erinnere sich noch einmal der Fabel von dem *Wolfe und Lamme*, wie sie oben in die Fabel von dem *Priester und dem armen Manne des Propheten* verwandelt worden. Wir haben Mitleiden mit dem Lamme; aber dieses Mitleiden ist so schwach, dass es unserer anschauenden Erkenntnis des moralischen Satzes keinen merklichen Eintrag tut. Hingegen wie ist es mit dem armen Manne? Kömmt es mir nur so vor, oder ist es wirklich wahr, dass wir mit diesem viel zu viel Mitleiden haben und gegen den Priester viel zu viel Unwillen empfinden, als dass die anschauende Erkenntnis des moralischen Satzes hier ebenso klar sein könnte, als sie dort ist?

III. Von der Einteilung der Fabeln

Die Fabeln sind verschiedener Einteilungen fähig. Von einer, die sich aus der verschiednen Anwendung derselben ergibt, habe ich gleich anfangs geredet. Die Fabeln nämlich werden entweder bloß auf einen allgemeinen moralischen Satz angewendet und heißen *einfache* Fabeln, oder sie werden auf einen wirklichen Fall angewendet, der mit der Fabel unter einem und ebendemselben moralischen Satze enthalten ist, und heißen *zusammengesetzte* Fabeln. Der Nutzen dieser Einteilung hat sich bereits an mehr als einer Stelle gezeigt.

Eine andere Einteilung würde sich aus der verschiednen Beschaffenheit des moralischen Satzes herholen lassen. Es gibt nämlich moralische Sätze, die sich besser in einem einzeln Falle ihres Gegenteils als in einem einzeln Falle, der unmittelbar unter ihnen begriffen ist, anschauend erkennen lassen. Fabeln also, welche den moralischen Satz in einem einzeln Falle des Gegenteils zur Intuition bringen, würde man vielleicht *indirekte* Fabeln, so wie die andern *direkte* Fabeln nennen können.

Doch von diesen Einteilungen ist hier nicht die Frage; noch viel weniger von jener unphilosophischen Einteilung nach den verschiedenen Erfindern oder Dichtern, die sich einen vorzüglichen Namen damit gemacht haben. Es hat den Kunstrichtern gefallen, ihre gewöhnliche Einteilung der Fabel von einer Verschiedenheit herzunehmen, die mehr in die Augen fällt; von der Verschiedenheit nämlich der darin handelnden Personen. Und diese Einteilung ist es, die ich hier näher betrachten will.

Aphthonius ist ohne Zweifel der älteste Skribent, der ihrer erwähnet. Του δε μυθου, sagt er in seinen Vorübungen, το μεν εστι λογικον, το δε ηθικον, το δε μικτον. Και λογικον μεν εν ᾧ τι ποιων ανθρωπος πεπλασται: ηθικον δε το των αλογων ηθος απομιμουμενον: μικτον δε το εξ αμφοτερων αλογου και λογικου. Es gibt drei Gattungen von Fabeln, die *vernünftige*, in welcher der Mensch die handelnde Person ist, die *sittliche*, in welcher unvernünftige Wesen aufgeführet werden, die *vermischte*, in welcher sowohl unvernünftige als vernünftige Wesen vorkommen. – Der Hauptfehler dieser Einteilung, welcher sogleich einem jeden in die Augen leuchtet, ist der, dass sie das nicht erschöpft, was sie erschöpfen sollte. Denn wo bleiben diejenigen Fabeln, die aus Gottheiten und allegorischen Personen bestehen? *Aphthonius* hat die *vernünftige* Gattung ausdrücklich auf den einzigen Menschen eingeschränkt. Doch wenn diesem Fehler auch abzuhelfen wäre, was kann dem ohngeachtet roher und mehr von der obersten Fläche abgeschöpft sein als diese Einteilung? Öffnet sie uns nur auch die geringste freiere Einsicht in das Wesen der Fabel?

Batteux würde daher ohne Zweifel ebenso wohl getan haben, wenn er von der Einteilung der Fabel gar geschwiegen hätte, als dass er uns mit jener kahlen aphthonianischen abspeisen will. Aber was wird man vollends von ihm sagen, wenn ich zeige, dass er sich hier auf einer kleinen Tücke treffen lässt? Kurz zuvor sagt er unter andern von den Personen der Fabel: »Man hat hier nicht allein den Wolf und das Lamm, die Eiche und das Schilf, sondern auch den eisernen und den irdenen Topf ihre Rollen spielen sehen. Nur der *Herr Verstand* und das *Fräulein Einbildungskraft* und alles, was ihnen ähnlich siehet, sind von diesem Theater ausgeschlossen worden, weil es ohne Zweifel schwerer ist, diesen bloß geistigen Wesen einen charaktermäßigen Körper zu geben, als Körpern, die einige Analogie mit unsern Organen haben, Geist und Seele zu geben.«[42] – Merkt man, wider wen dieses geht? Wider den *de La Motte*, der sich in seinen Fabeln der allegorischen Wesen sehr häufig bedienet. Da dieses nun nicht nach dem Geschmacke unsers oft mehr eckeln als feinen Kunstrichters war, so konnte ihm die aphthonianische mangelhafte Einteilung der Fabel nicht anders als willkommen sein, indem es durch sie stillschweigend gleichsam zur Regel gemacht wird, dass die Gottheiten und allegorischen Wesen gar nicht in die aesopische Fabel gehören. Und diese Regel eben möchte *Batteux* gar zu gern festsetzen, ob er sich gleich nicht getrauet, mit ausdrücklichen Worten darauf zu dringen. Sein System von der Fabel kann auch nicht wohl ohne sie bestehen. »Die aesopische Fabel, sagt er, ist, eigentlich zu reden, das Schauspiel der Kinder; sie unterscheidet sich von den übrigen nur durch die Geringfügigkeit und Naivität ihrer spielenden Personen. Man sieht auf diesem Theater keinen Cäsar, keinen Alexander: aber wohl die Fliege und die Ameise etc.« – Freilich, diese Geringfügigkeit der spielenden Personen vorausgesetzt, konnte *Batteux* mit den höhern poetischen Wesen des *de La Motte* unmöglich zufrieden sein. Er verwarf sie also, ob er schon einen guten Teil der besten Fabeln des Altertums zugleich mit verwerfen musste, und zog sich, um den kritischen Anfällen deswegen weniger ausgesetzt zu sein, unter den Schutz der mangelhaften Einteilung des *Aphthonius*. Gleich als ob *Aphthonius* der Mann wäre, der alle Gattungen von Fabeln, die in seiner Einteilung nicht Platz haben,

---

[42] Nach der Ramler'schen Übersetzung, S. 244.

eben dadurch verdammen könnte! Und diesen Missbrauch einer erschlichenen Autorität nenne ich eben die kleine Tücke, deren sich *Batteux* in Ansehung des *de La Motte* hier schuldig gemacht hat.

Wolf[43] hat die Einteilung des *Aphthonius* gleichfalls beibehalten, aber einen weit edlern Gebrauch davon gemacht. Diese Einteilung in *vernünftige* und *sittliche* Fabeln, meinet er, klinge zwar ein wenig sonderbar; denn man könnte sagen, dass eine jede Fabel sowohl eine vernünftige als eine sittliche Fabel wäre. *Sittlich* nämlich sei eine jede Fabel insofern, als sie einer sittlichen Wahrheit zum Besten erfunden worden, und *vernünftig* insofern, als diese sittliche Wahrheit der Vernunft gemäß ist. Doch da es einmal gewöhnlich sei, diesen Worten hier eine andere Bedeutung zu geben, so wolle er keine Neuerung machen. *Aphthonius* habe übrigens bei seiner Einteilung die Absicht gehabt, die Verschiedenheit der Fabeln ganz zu erschöpfen, und mehr nach dieser Absicht als nach den Worten, deren er sich dabei bedient habe, müsse sie beurteilet werden. Absit enim, sagt er – und oh, wenn alle Liebhaber der Wahrheit so billig dächten! –, absit, ut negemus accurate cogitasse, qui non satis accurate loquuntur. Puerile est, erroris redarguere eum, qui ab errore immunem possedit animum, propterea quod parum apta succurrerint verba, quibus mentem suam exprimere poterat. Er behält daher die Benennungen der aphthonianischen Einteilung bei und weiß die Wahrheit, die er nicht darin gefunden, so scharfsinnig hineinzulegen, dass sie das vollkommene Ansehen einer richtigen philosophischen Einteilung bekömmt. »Wenn wir Begebenheiten erdichten, sagt er, so

---

[43] Philosoph. practicae universalis pars post. § 303.

legen wir entweder den Subjekten solche Handlungen und Leidenschaften, überhaupt solche Prädikate bei, als ihnen zukommen, oder wir legen ihnen solche bei, die ihnen nicht zukommen. In dem ersten Falle heißen es *vernünftige* Fabeln, in dem andern *sittliche* Fabeln, und *vermischte* Fabeln heißen es, wenn sie etwas sowohl von der Eigenschaft der sittlichen als vernünftigen Fabel haben.«

Nach dieser Wolfischen Verbesserung also beruhet die Verschiedenheit der Fabel nicht mehr auf der bloßen Verschiedenheit der Subjekte, sondern auf der Verschiedenheit der Prädikate, die von diesen Subjekten gesagt werden. Ihr zufolge kann eine Fabel Menschen zu handelnden Personen haben und dennoch keine *vernünftige* Fabel sein, so wie sie eben nicht notwendig eine *sittliche* Fabel sein muss, weil Tiere in ihr aufgeführt werden. Die oben angeführte Fabel von den *zwei kämpfenden Hähnen* würde nach den Worten des *Aphthonius* eine *sittliche* Fabel sein, weil sie die Eigenschaften und das Betragen gewisser Tiere nachahmet; wie hingegen *Wolf* den *Sinn* des *Aphthonius* genauer bestimmt hat, ist sie eine *vernünftige* Fabel, weil nicht das Geringste von den Hähnen darin gesagt wird, was ihnen nicht eigentlich zukäme. So ist es mit mehrern: Z. E. der Vogelsteller und die Schlange[44], der Hund und der Koch[45], der Hund und der Gärtner[46], der Schäfer und der Wolf[47]: lauter Fabeln, die nach der gemeinen Einteilung unter die *sittlichen* und *vermischten*, nach der verbesserten aber unter die *vernünftigen* gehören.

---

[44] Fab. Aesop. 32.
[45] Fab. Aesop. 34.
[46] Fab. Aesop. 67.
[47] Fab. Aesop. 71.

Und nun? Werde ich es bei dieser Einteilung unsers Weltweisen können bewenden lassen? Ich weiß nicht. Wider ihre logikalische Richtigkeit habe ich nichts zu erinnern; sie erschöpft alles, was sie erschöpfen soll. Aber man kann ein guter Dialektiker sein, ohne ein Mann von Geschmack zu sein; und das Letzte war *Wolf*, leider, wohl nicht. Wie, wenn es auch ihm hier so gegangen wäre, als er es von dem *Aphthonius* vermutet, dass er zwar richtig gedacht, aber sich nicht so vollkommen gut ausgedrückt hätte, als es besonders die Kunstrichter wohl verlangen dürften? Er redet von Fabeln, in welchen den Subjekten Leidenschaften und Handlungen, überhaupt Prädikate, beigelegt werden, deren sie nicht fähig sind, die ihnen nicht zukommen. Dieses *Nicht-Zukommen* kann einen übeln Verstand machen. Der Dichter, kann man daraus schließen, ist also nicht gehalten, auf die Naturen der Geschöpfe zu sehen, die er in seinen Fabeln aufführet? Er kann das Schaf verwegen, den Wolf sanftmütig, den Esel feurig vorstellen; er kann die Tauben als Falken brauchen und die Hunde von den Hasen jagen lassen. Alles dieses kömmt ihnen nicht zu; aber der Dichter macht eine *sittliche* Fabel, und er darf es ihnen beilegen. – Wie nötig ist es, dieser gefährlichen Auslegung, diesen mit einer Überschwemmung der abgeschmacktesten Märchen drohenden Folgerungen vorzubauen!

Man erlaube mir also, mich auf meinen eigenen Weg wieder zurückzuwenden. Ich will den Weltweisen so wenig als möglich aus dem Gesichte verlieren; und vielleicht kommen wir, am Ende der Bahn, zusammen. – Ich habe gesagt und glaube es erwiesen zu haben, dass auf der Erhebung des einzeln Falles zur Wirklichkeit der wesentliche Unterschied der *Parabel*, oder des Exempels überhaupt, und der *Fabel* beruhet. Diese Wirklichkeit ist der Fabel so unentbehrlich, dass sie sich eher von ihrer Möglichkeit als von jener etwas abbrechen lässt. Es streitet minder mit ihrem Wesen, dass ihr einzelner Fall nicht schlechterdings *möglich* ist, dass er nur nach gewissen Voraussetzungen, unter gewissen Bedingungen *möglich* ist, als dass er nicht als *wirklich* vorgestellt werde. In Ansehung dieser Wirklichkeit folglich ist die Fabel keiner Verschiedenheit fähig, wohl aber in Ansehung ihrer Möglichkeit, welche sie veränderlich zu sein erlaubt. Nun ist, wie gesagt, diese Möglichkeit entweder eine unbedingte oder bedingte Möglichkeit; der einzelne Fall der Fabel ist entweder schlechterdings möglich, oder er ist es nur nach gewissen Voraussetzungen, unter gewissen Bedingungen. Die Fabeln also, deren einzelner Fall schlechterdings möglich ist, will ich (um gleichfalls bei den alten Benennungen zu bleiben) *vernünftige* Fabeln nennen; Fabeln hingegen, wo er es nur nach gewissen Voraussetzungen ist, mögen *sittliche* heißen. Die *vernünftigen* Fabeln leiden keine fernere Unterabteilung, die *sittlichen* aber leiden sie. Denn die Voraussetzungen betreffen entweder die Subjekte der Fabel oder die Prädikate dieser Subjekte: Der Fall der Fabel ist entweder möglich, vorausgesetzt, dass diese und jene Wesen existieren, oder er ist es, vorausgesetzt, dass diese und jene wirklich existierende Wesen (nicht *andere* Eigenschaften, als ihnen zukommen; denn sonst würden sie zu anderen Wesen werden, sondern) die ihnen wirklich zukommenden Eigenschaften in einem *höhern Grade*, in einem weitern Umfange besitzen. Jene Fabeln, worin die Subjekte vorausgesetzt werden, wollte ich *mythische* Fabeln nennen, und diese, worin nur *erhöhtere* Eigenschaften wirklicher Subjekte angenommen werden, würde ich, wenn ich das Wort anders wagen darf, *hyperphysische* Fabeln nennen. –

Ich will diese meine Einteilung noch durch einige Beispiele erläutern. Die Fabeln, der Blinde und der Lahme, die zwei kämpfenden Hähne, der Vogelsteller und die Schlange, der Hund und der Gärtner, sind lauter *vernünftige* Fabeln, obschon bald lauter Tiere, bald Menschen und Tiere darin vorkommen; denn der darin enthaltene Fall ist schlechterdings möglich, oder mit *Wolfen* zu reden, es wird den Subjekten nichts darin beigelegt, was ihnen nicht zukomme. – Die Fabeln, Apollo und Jupiter[48], Herkules und Plutus[49], die verschiedene Bäume in ihren besondern Schutz nehmenden Götter[50], kurz, alle Fabeln, die aus Gottheiten, aus allegorischen Personen, aus Geistern und Gespenstern, aus andern erdichteten Wesen, dem Phönix z. E., bestehen, sind *sittliche* Fabeln, und zwar *mythisch sittliche*; denn es wird darin vorausgesetzt, dass alle diese Wesen existieren oder existieret haben, und der Fall, den sie enthalten, ist nur unter dieser Voraussetzung möglich. – Der Wolf und das Lamm[51], der Fuchs und der Storch[52], die Natter und die Feile[53], die Bäume und der Dornstrauch[54], der Ölbaum und das Rohr[55] etc. sind gleichfalls *sittliche*, aber *hyperphysisch sittliche* Fabeln; denn die Natur dieser wirklichen Wesen wird

---

[48] Fab. Aesop. 187.
[49] Phaedrus lib. IV. Fab. 11.
[50] Phaedrus lib. III. Fab. 15.
[51] Phaedrus lib. I. Fab. 1.
[52] Phaedrus lib. I. Fab. 25.
[53] Phaedrus lib. IV. Fab. 7.
[54] Fab. Aesop. 313.
[55] Fab. Aesop. 143.

erhöhet, die Schranken ihrer Fähigkeiten werden erweitert. Eines muss ich hierbei erinnern! Man bilde sich nicht ein, dass diese Gattung von Fabeln sich bloß auf die Tiere und andere geringere Geschöpfe einschränke: Der Dichter kann auch die Natur des *Menschen* erhöhen und die Schranken seiner Fähigkeiten erweitern. Eine Fabel z. E. von einem *Propheten* würde eine *hyperphysisch sittliche* Fabel sein; denn die Gabe, zu prophezeien, kann dem Menschen bloß nach einer erhöhtern Natur zukommen. Oder wenn man die Erzählung von den himmelstürmenden Riesen als eine aesopische Fabel behandeln und sie dahin verändern wollte, dass ihr unsinniger Bau von Bergen auf Bergen endlich von selbst zusammenstürzte und sie unter den Ruinen begrübe: So würde keine andere als eine *hyperphysisch sittliche* Fabel daraus werden können.

Aus den zwei Hauptgattungen, der *vernünftigen* und *sittlichen* Fabel, entsteht auch bei mir eine *vermischte* Gattung, wo nämlich der Fall zum Teil schlechterdings, zum Teil nur unter gewissen Voraussetzungen möglich ist. Und zwar können dieser *vermischten* Fabeln dreierlei sein; die *vernünftig mythische* Fabel, als Herkules und der Kärrner[56], der arme Mann und der Tod[57]; die *vernünftig hyperphysische* Fabel, als der Holzschläger und der Fuchs[58], der Jäger und der Löwe[59]; und endlich die *hyperphysisch mythische* Fabel, als Jupiter und das Kamel[60], Jupiter und die Schlange[61] etc.

---

[56] Fab. Aesop. 336.
[57] Fab. Aesop. 20.
[58] Fab. Aesop. 127.
[59] Fab. Aesop. 280.
[60] Fab. Aesop. 197.
[61] Fab. Aesop. 189.

Und diese Einteilung erschöpft die Mannigfaltigkeit der Fabeln ganz gewiss, ja man wird, hoffe ich, keine anführen können, deren Stelle ihr zufolge zweifelhaft bleibe, welches bei allen andern Einteilungen geschehen muss, die sich bloß auf die Verschiedenheit der handelnden Personen beziehen. Die *Breitinger'sche* Einteilung ist davon nicht ausgeschlossen, ob *er* schon dabei die Grade des Wunderbaren zum Grunde gelegt hat. Denn da bei ihm die Grade des Wunderbaren, wie wir gesehen haben, größtenteils auf die Beschaffenheit der handelnden Personen ankommen, so klingen seine Worte nur gründlicher, und er ist in der Tat in die Sache nichts tiefer eingedrungen. »Das Wunderbare der Fabel, sagt er, hat seine verschiedene Grade – Der niedrigste Grad des Wunderbaren findet sich in derjenigen Gattung der Fabeln, in welchen ordentliche Menschen aufgeführt werden – Weil in denselben das Wahrscheinliche über das Wunderbare weit die Oberhand hat, so können sie mit Fug *wahrscheinliche* oder in Absicht auf die Personen *menschliche* Fabeln benennet werden. Ein mehrerer Grad des Wunderbaren äußert sich in derjenigen Klasse der Fabeln, in welchen ganz andere als menschliche Personen aufgeführt werden. – Diese sind entweder von einer vortrefflichern und höhern Natur als die menschliche ist, z. E. die heidnischen Gottheiten – oder sie sind in Ansehung ihres Ursprungs und ihrer natürlichen Geschicklichkeit von einem geringern Rang als die Menschen, als z. E. die Tiere, Pflanzen etc. – Weil in diesen Fabeln das Wunderbare über das Wahrscheinliche nach verschiedenen Graden herrscht, werden sie deswegen nicht unfüglich *wunderbare* und in Absicht auf die Personen entweder *göttliche* oder *tierische* Fabeln genennt –« Und die Fabel von den zwei Töpfen, die Fabel von den Bäumen und dem Dornstrauche? Sollen die auch *tierische* Fabeln heißen? Oder sollen sie und ihresgleichen eigne Benennungen erhalten? Wie sehr wird diese Namenrolle anwachsen, besonders wenn man auch alle Arten der vermischten Gattung benennen sollte! Aber ein Exempel zu geben, dass man, nach dieser *Breitinger'schen* Einteilung, oft zweifelhaft sein kann, zu welcher Klasse man diese oder jene Fabel rechnen soll, so betrachte man die schon angeführte Fabel von dem Gärtner und seinem Hunde oder die noch bekanntere von dem Ackersmanne und der Schlange; aber nicht so, wie sie *Phaedrus* erzählet, sondern wie sie unter den griechischen Fabeln vorkömmt. Beide haben einen so geringen Grad des Wunderbaren, dass man sie notwendig zu den wahrscheinlichen, das ist *menschlichen* Fabeln, rechnen müsste. In beiden aber kommen auch Tiere vor; und in Betrachtung dieser würden sie zu den *vermischten* Fabeln gehören, in welchen das Wunderbare weit mehr über das Wahrscheinliche herrscht als in jenen. Folglich würde man erst ausmachen müssen, ob die Schlange und der Hund hier als handelnde Personen der Fabel anzusehen wären oder nicht, ehe man der Fabel selbst ihre Klasse anweisen könnte.

Ich will mich bei diesen Kleinigkeiten nicht länger aufhalten, sondern mit einer Anmerkung schließen, die sich überhaupt auf die *hyperphysischen* Fabeln beziehet und die ich, zur richtigern Beurteilung einiger von meinen eigenen Versuchen, nicht gern anzubringen vergessen möchte. – Es ist bei dieser Gattung von Fabeln die Frage, *wie weit* der Fabulist die Natur der Tiere und andrer niedrigern Geschöpfe erhöhen und *wie nahe* er sie der menschlichen Natur bringen dürfe? Ich antworte kurz: so weit und so nahe er immer will. Nur mit der einzigen Bedingung, dass aus allem, was er sie denken, reden und handeln lässt, der Charakter hervorscheine, um dessen willen er sie seiner Absicht bequemer fand als alle andere Individua. Ist dieses, denken, reden und tun sie durchaus nichts, was ein ander Individuum von einem andern oder gar ohne Charakter ebenso gut denken, reden und tun könnte: So wird uns ihr Betragen im Geringsten nicht befremden, wenn es auch noch so viel Witz, Scharfsinnigkeit und Vernunft voraussetzt. Und wie könnte es auch? Haben wir ihnen einmal Freiheit und Sprache zugestanden, so müssen wir ihnen zugleich alle Modifikationen des Willens und alle Erkenntnisse zugestehen, die aus jenen Eigenschaften folgen können, auf welchen unser Vorzug vor ihnen einzig und allein beruhet. Nur ihren Charakter, wie gesagt, müssen wir durch die ganze Fabel finden; und finden wir diesen, so erfolgt die Illusion, dass es wirkliche Tiere sind, ob wir sie gleich reden hören und ob sie gleich noch so feine Anmerkungen, noch so scharfsinnige Schlüsse machen. Es ist unbeschreiblich, wie viel Sophismata non causae ut causae die Kunstrichter in dieser Materie gemacht haben. Unter andern der Verfasser der *Critischen Briefe*, wenn er von seinem *Hermann Axel* sagt: »Daher schreibt er auch den unvernünftigen Tieren, die er aufführt, niemals eine Reihe von Anschlägen zu, die in einem System, in einer Verknüpfung stehen und zu einem Endzwecke von Weitem her angeordnet sind. Denn dazu gehöret eine Stärke der Vernunft, welche über den Instinkt ist. Ihr Instinkt gibt nur flüchtige und dunkle Strahlen einer Vernunft von sich, die sich nicht lange emporhalten kann. Aus dieser Ursache werden diese Fabeln mit Tierpersonen ganz kurz und bestehen nur aus einem sehr einfachen Anschlage oder Anliegen. Sie reichen nicht zu, einen menschlichen Charakter in mehr als einem Lichte vorzustellen; ja der Fabulist muss zufrieden sein, wenn er nur einen Zug eines Charakters vorstellen kann. Es ist eine ausschweifende Idee des Pater *Bossu*, dass die aesopische Fabel sich in dieselbe Länge wie die epische Fabel ausdehnen lasse. Denn das kann nicht geschehen, es sei denn, dass man die Tiere nichts von den Tieren behalten lasse, sondern sie in Menschen verwandle, welches nur in possierlichen Gedichten angehet, wo man die Tiere mit gewissem Vorsatz in Masken aufführet und die Verrichtungen der Menschen nachäffen lässt etc.« – Wie sonderbar ist hier das aus dem Wesen der Tiere hergeleitet, was der Kunstrichter aus dem Wesen der anschauenden Erkenntnis und aus der Einheit des moralischen Lehrsatzes in der Fabel hätte herleiten sollen! Ich gebe es zu, dass der Einfall des Pater *Bossu* nichts taugt. Die aesopische Fabel, in die Länge einer epischen Fabel ausgedehnet, höret auf, eine aesopische Fabel zu sein; aber nicht deswegen, weil man den Tieren, nachdem man ihnen Freiheit und Sprache erteilet hat, nicht auch eine Folge von Gedanken, dergleichen die Folge von Handlungen in der Epopee erfordern würde, erteilen dürfte, nicht deswegen, weil die Tiere alsdann zu viel Menschliches haben würden: sondern deswegen, weil die Einheit des moralischen Lehrsatzes verloren gehen würde, weil man diesen Lehrsatz in der Fabel, deren Teile so gewaltsam auseinandergedehnet und mit fremden Teilen vermischt worden, nicht länger anschauend erkennen würde. Denn die anschauende Erkenntnis erfordert unumgänglich, dass wir den einzeln Fall auf einmal übersehen können; können wir es nicht, weil er entweder allzu viel Teile hat oder seine Teile allzu weit auseinanderliegen, so kann auch die Intuition des Allgemeinen nicht erfolgen. Und nur dieses, wenn ich nicht sehr irre, ist der wahre Grund, warum man es dem dramatischen Dichter, noch williger aber dem Epopeendichter, erlassen hat, in ihre Werke eine einzige Hauptlehre zu legen. Denn was hilft es, wenn sie auch eine hineinlegen? Wir können sie doch nicht darin erkennen, weil ihre Werke viel zu weitläuftig sind, als dass wir sie auf einmal zu übersehen vermöchten. In dem Skelette derselben müsste sie sich wohl endlich zeigen; aber das Skelett gehöret für den kalten Kunstrichter, und wenn dieser einmal glaubt, dass eine solche Hauptlehre darin liegen müsse, so wird er sie gewiss herausgrübeln, wenn sie der Dichter auch gleich nicht hineingelegt hat. Dass übrigens das eingeschränkte Wesen der Tiere von dieser nicht zu erlaubenden Ausdehnung der aesopischen Fabel die wahre Ursach nicht sei, hätte der *kritische Briefsteller* gleich daher abnehmen können, weil nicht bloß die *tierische* Fabel, sondern auch jede andere aesopische Fabel, wenn sie schon aus vernünftigen Wesen bestehet, derselben unfähig ist. Die Fabel von dem Lahmen und Blinden, oder von dem armen Mann und dem Tode, lässt sich ebenso wenig zur Länge des epischen Gedichts erstrecken als die Fabel von dem Lamme und dem Wolfe, oder von dem Fuchse und dem Raben. Kann es also an der Natur der Tiere liegen? Und wenn man mit Beispielen streiten wollte, wie viel *sehr gute* Fabeln ließen sich ihm nicht entgegensetzen, in welchen den Tieren weit mehr als *flüchtige und dunkle Strahlen einer Vernunft* beigelegt wird und man sie ihre Anschläge ziemlich *von Weitem her* zu einem Endzwecke anwenden siehet. Z. E. der Adler und der Käfer[62]; der Adler, die Katze und das Schwein[63] etc.

---

[62] Fab. Aesop. 2.
[63] Phaedrus lib. II. Fab. 4.

Unterdessen, dachte ich einsmals bei mir selbst, wenn man dem ohngeachtet eine aesopische Fabel von einer ungewöhnlichen Länge machen wollte, wie müsste man es anfangen, dass die itzt berührten Unbequemlichkeiten dieser Länge wegfielen? Wie müsste unser *Reinicke Fuchs* aussehen, wenn ihm der Name eines aesopischen Heldengedichts zukommen sollte? Mein Einfall war dieser: *Vors Erste* müsste nur ein einziger moralischer Satz in dem Ganzen zum Grunde liegen; *vors Zweite* müssten die vielen und mannigfaltigen Teile dieses Ganzen unter gewisse Hauptteile gebracht werden, damit man sie wenigstens in diesen Hauptteilen auf einmal übersehen könnte; *vors Dritte* müsste jeder dieser Hauptteile ein besonders Ganze, eine für sich bestehende Fabel, sein können, damit das große Ganze aus gleichartigen Teilen bestünde. Es müsste, um alles zusammenzunehmen, der allgemeine moralische Satz in seine einzelne Begriffe aufgelöset werden; jeder von diesen einzelnen Begriffen müsste in einer besondern Fabel zur Intuition gebracht werden, und alle diese besondern Fabeln müssten zusammen nur eine einzige Fabel ausmachen. Wie wenig hat der *Reinicke Fuchs* von diesen Requisitis! Am besten also, ich mache selbst die Probe, ob sich mein Einfall auch wirklich ausführen lässt. – Und nun urteile man, wie diese Probe ausgefallen ist! Es ist die *sechzehnte* Fabel meines *dritten* Buchs und heißt die *Geschichte des alten Wolfs in sieben Fabeln*. Die Lehre, welche in allen sieben Fabeln zusammengenommen liegt, ist diese: »Man muss einen alten Bösewicht nicht auf das Äußerste bringen und ihm alle Mittel zur Besserung, so spät und erzwungen sie auch sein mag, benehmen.« Dieses *Äußerste*, diese Benehmung *aller Mittel* zerstückte ich, machte verschiedene misslungene Versuche des Wolfs daraus, des gefährlichen Raubens künftig müßig gehen zu können, und bearbeitete jeden dieser Versuche als eine besondere Fabel, die ihre eigene und mit der Hauptmoral in keiner Verbindung stehende Lehre hat. – Was ich hier bis auf sieben und mit dem *Rangstreite der Tiere* auf vier Fabeln gebracht habe, wird ein andrer mit einer andern noch fruchtbarern Moral leicht auf mehrere bringen können. Ich begnüge mich, die Möglichkeit gezeigt zu haben.

IV. Von dem Vortrage der Fabeln

Wie soll die Fabel vorgetragen werden? Ist hierin *Aesopus* oder ist *Phaedrus* oder ist *La Fontaine* das wahre Muster?

Es ist nicht ausgemacht, ob *Aesopus* seine Fabeln selbst aufgeschrieben und in ein Buch zusammengetragen hat. Aber das ist so gut als ausgemacht, dass, wenn er es auch getan hat, doch keine einzige davon durchaus mit seinen eigenen Worten auf uns gekommen ist. Ich verstehe also hier die allerschönsten Fabeln in den verschiedenen griechischen Sammlungen, welchen man seinen Namen vorgesetzt hat. Nach diesen zu urteilen, war sein Vortrag von der äußersten Präzision; er hielt sich nirgends bei Beschreibungen auf; er kam sogleich zur Sache und eilte mit jedem Worte näher zum Ende; er kannte kein Mittel zwischen dem Notwendigen und Unnützen. So charakterisiert ihn *de La Motte*, und richtig. Diese Präzision und Kürze, worin er ein so großes Muster war, fanden die Alten der Natur der Fabel auch so angemessen, dass sie eine allgemeine Regel daraus machten. *Theon* unter andern dringet mit den ausdrücklichsten Worten darauf.

Auch *Phaedrus*, der sich vornahm, die Erfindungen des *Aesopus* in Versen auszubilden, hat offenbar den festen Vorsatz gehabt, sich an diese Regel zu halten; und wo er davon abgekommen ist, scheinet ihn das Silbenmaß und der poetischere Stil, in welchen uns auch das allersimpelste Silbenmaß wie unvermeidlich verstrickt, gleichsam wider seinen Willen davon abgebracht zu haben.

Aber *La Fontaine*? Dieses sonderbare Genie! *La Fontaine!* Nein, wider ihn selbst habe ich nichts; aber wider seine Nachahmer, wider seine blinden Verehrer! *La Fontaine* kannte die Alten zu gut, als dass er nicht hätte wissen sollen, was ihre Muster und die Natur zu einer vollkommenen Fabel erforderten. Er wusste es, dass die Kürze die Seele der Fabel sei; er gestand es zu, dass es ihr vornehmster Schmuck sei, ganz und gar keinen Schmuck zu haben. Er bekannte[64] mit der liebenswürdigsten Aufrichtigkeit, »dass man die zierliche Präzision und die außerordentliche Kürze, durch die sich *Phaedrus* so sehr empfehle, in seinen Fabeln nicht finden werde. Es wären dieses Eigenschaften, die zu erreichen ihn seine Sprache zum Teil verhindert hätte; und bloß deswegen, weil er den *Phaedrus* darin nicht nachahmen können, habe er geglaubt, qu'il falloit en recompense egayer l'ouvrage plus qu'il n'a fait.« Alle die Lustigkeit, sagt er, durch die ich meine Fabeln aufgestützt habe, soll weiter nichts als eine etwanige Schadloshaltung für wesentlichere Schönheiten sein, die ich ihnen zu erteilen zu unvermögend gewesen bin. – Welch Bekenntnis! In meinen Augen macht ihm dieses Bekenntnis mehr Ehre, als ihm alle seine Fabeln machen! Aber wie wunderbar ward es von dem französischen Publico aufgenommen! Es glaubte, *La Fontaine* wolle ein bloßes Kompliment machen, und hielt die Schadloshaltung unendlich höher als das, wofür sie geleistet war. Kaum konnte es auch anders sein; denn die Schadloshaltung hatte allzu viel Reizendes für Franzosen, bei welchen nichts über die Lustigkeit gehet. Ein witziger Kopf unter ihnen, der hernach das Unglück hatte, hundert Jahr witzig zu bleiben[65], meinte sogar, *La Fontaine* habe sich aus bloßer *Albernheit* (par bêtise) dem *Phaedrus* nachgesetzt; und *de La Motte* schrie über diesen Einfall: mot plaisant, mais solide!

[64] In der Vorrede zu seinen Fabeln.
[65] Fontenelle [Bernard le Bovier de Fontenelle, der 1657 geboren wurde und 1757 verstarb].

Unterdessen, da *La Fontaine* seine lustige Schwatzhaftigkeit, durch ein so großes Muster, als ihm *Phaedrus* schien, verdammt glaubte, wollte er doch nicht ganz ohne Bedeckung vonseiten des Altertums bleiben. Er setzte also hinzu: »Und meinen Fabeln diese Lustigkeit zu erteilen, habe ich um so viel eher wagen dürfen, da *Quintilian* lehret, man könne die Erzählungen nicht lustig genug machen (egayer). Ich brauche keine Ursache hiervon anzugeben; genug, dass es *Quintilian* sagt.« – Ich habe wider diese Autorität zweierlei zu erinnern. Es ist wahr, *Quintilian* sagt: Ego vero narrationem, ut si ullam partem orationis, omni, qua potest, gratia et venere exornandam puto[66], und dieses muss die Stelle sein, worauf sich *La Fontaine* stützet. Aber ist diese *Grazie*, diese *Venus*, die er der Erzählung so viel als möglich, obgleich nach Maßgebung der Sache[67], zu erteilen befiehlet, ist dieses *Lustigkeit*? Ich sollte meinen, dass gerade die Lustigkeit dadurch ausgeschlossen werde. Doch der Hauptpunkt ist hier dieser: *Quintilian* redet von der Erzählung des Facti in einer gerichtlichen Rede, und was er von dieser sagt, ziehet *La Fontaine*, wider die ausdrückliche Regel der Alten, auf die Fabel. Er hätte diese Regel unter andern bei dem *Theon* finden können. Der Grieche redet von dem Vortrage der Erzählung in der Chrie – wie plan, wie kurz muss die Erzählung in einer Chrie sein! – und setzt hinzu: ἐν δε τοις μυθοις ἁπλουστεραν την ἑρμηνειαν ἐιναι δει και προσφυη· και ὡς δυνατον, ἀκατασκευον τε και σαφη: Die Erzählung der Fabel soll noch planer sein, sie soll zusammengepresst, so viel als möglich ohne alle Zieraten und Figuren, mit der einzigen Deutlichkeit zufrieden sein.

---

[66] Quinctilianus Inst. Orat. lib. IV. cap. 2.
[67] Sed plurimum refert, quae sit natura ejus rei, quam exponimus. *Idem, ibidem.*

Dem *La Fontaine* vergebe ich den Missbrauch dieser Autorität des *Quintilians* gar gern. Man weiß ja, wie die Franzosen überhaupt die Alten lesen! Lesen sie doch ihre eigene Autores mit der unverzeihlichsten Flatterhaftigkeit. Hier ist gleich ein Exempel! *De La Motte* sagt von dem *La Fontaine*: *Tout Original qu'il est dans les manieres, il etoit Admirateur des Anciens jusqu'a la prevention, comme s'ils eussent été ses modeles. La brieveté,* dit-il, *est l'ame de la Fable, et il est inutile d'en apporter des raisons, c'est assez que Quintilien l'ait dit.*[68] Man kann nicht verstümmelter anführen, als *de La Motte* hier den *La Fontaine* anführet! *La Fontaine* legt es einem ganz andern Kunstrichter in den Mund, dass die Kürze die Seele der Fabel sei, oder spricht es vielmehr in seiner eigenen Person; er beruft sich nicht wegen der Kürze, sondern wegen der Munterkeit, die in den Erzählungen herrschen solle, auf das Zeugnis des *Quintilians*, und würde sich wegen jener sehr schlecht auf ihn berufen haben, weil man jenen Ausspruch nirgend bei ihm findet.

Ich komme auf die Sache selbst zurück. Der allgemeine Beifall, den *La Fontaine* mit seiner muntern Art zu erzählen erhielt, machte, dass man nach und nach die aesopische Fabel von einer ganz andern Seite betrachtete, als sie die Alten betrachtet hatten. Bei den Alten gehörte die Fabel zu dem Gebiete der Philosophie, und aus diesem holten sie die Lehrer der Redekunst in das ihrige herüber. *Aristoteles* hat nicht in seiner Dichtkunst, sondern in seiner Rhetorik davon gehandelt; und was *Aphthonius* und *Theon* davon sagen, das sagen sie gleichfalls in Vorübungen der *Rhetorik*. Auch bei den Neuern muss man das, was man

---

[68] Discours sur la Fable, p. 17.

von der aesopischen Fabel wissen will, durchaus in Rhetoriken suchen; bis auf die Zeiten des *La Fontaine*. Ihm gelang es, die Fabel zu einem anmutigen poetischen Spielwerke zu machen, er bezauberte, er bekam eine Menge Nachahmer, die den Namen eines Dichters nicht wohlfeiler erhalten zu können glaubten als durch solche in lustigen Versen ausgedehnte und gewässerte Fabeln; die Lehrer der Dichtkunst griffen zu; die Lehrer der Redekunst ließen den Eingriff geschehen; diese hörten auf, die Fabel als ein sicheres Mittel zur lebendigen Überzeugung anzupreisen; und jene fingen dafür an, sie als ein Kinderspiel zu betrachten, das sie so viel als möglich auszuputzen uns lehren müssten. – So stehen wir noch! –

Ein Mann, der aus der Schule der Alten kömmt, wo ihm jene ἑρμηνεια ἀκατασκευος der Fabel so oft empfohlen worden, kann der wissen, woran er ist, wenn er z. E. bei dem *Batteux* ein langes Verzeichnis von Zieraten lieset, deren die Erzählung der Fabel fähig sein soll? Er muss voller Verwunderung fragen: So hat sich denn bei den Neuern ganz das Wesen der Dinge verändert? Denn alle diese Zieraten streiten mit dem wirklichen Wesen der Fabel. Ich will es beweisen.

Wenn ich mir einer moralischen Wahrheit durch die Fabel bewusst werden soll, so muss ich die Fabel auf einmal übersehen können; und um sie auf einmal übersehen zu können, muss sie so kurz sein als möglich. Alle Zieraten aber sind dieser Kürze entgegen; denn ohne sie würde sie noch kürzer sein können: folglich streiten alle Zieraten, insofern sie leere Verlängerungen sind, mit der Absicht der Fabel.

Z. E. eben mit zur Erreichung dieser Kürze braucht die Fabel gern die allerbekanntesten Tiere; damit sie weiter nichts als ihren einzigen Namen nennen darf, um einen ganzen Charakter zu schildern, um Eigenschaften zu bemerken, die ihr ohne diese Namen allzu viel Worte kosten würden. Nun höre man den *Batteux*: »Diese Zieraten bestehen *erstlich* in Gemälden, Beschreibungen, Zeichnungen der Örter, der Personen, der Stellungen.« – Das heißt: Man muss nicht schlechtweg z. E. *ein Fuchs* sagen, sondern man muss fein sagen:

> Un vieux Renard, mais des plus fins,
> Grand croqueur de poulets, grand preneur de lapins,
> Sentant son Renard d'un lieue etc.

Der *Fabulist* brauchet *Fuchs*, um mit einer einzigen Silbe ein individuelles Bild eines witzigen Schalks zu entwerfen; und der *Poet* will lieber von dieser Bequemlichkeit nichts wissen, will ihr entsagen, ehe man ihm die Gelegenheit nehmen soll, eine lustige Beschreibung von einem Dinge zu machen, dessen ganzer Vorzug hier eben dieser ist, dass es keine Beschreibung bedarf.

Der Fabulist will in *einer* Fabel nur *eine* Moral zur Intuition bringen. Er wird es also sorgfältig vermeiden, die Teile derselben so einzurichten, dass sie uns Anlass geben, irgendeine andere Wahrheit in ihnen zu erkennen, als wir in allen Teilen zusammengenommen erkennen sollen. Viel weniger wird er eine solche fremde Wahrheit mit ausdrücklichen Worten einfließen lassen, damit er unsere Aufmerksamkeit nicht von seinem Zwecke abbringe oder wenigstens schwäche, indem er sie unter mehrere allgemeine moralische Sätze teilet. – Aber *Batteux*, was sagt der? »Die zweite Zierat, sagt er, bestehet in den Gedanken; nämlich in solchen Gedanken, die hervorstechen und sich von den übrigen auf eine besondere Art unterscheiden.«

Nicht minder widersinnig ist seine *dritte* Zierat, die Allusion – Doch wer streitet denn mit mir? *Batteux* selbst gesteht es ja mit ausdrücklichen Worten, »dass dieses nur Zieraten solcher Erzählungen sind, die vornehmlich zur Belustigung gemacht werden«. Und für eine solche Erzählung hält er die Fabel? Warum bin ich so eigensinnig, sie auch nicht dafür zu halten? Warum habe ich nur ihren Nutzen im Sinne? Warum glaube ich, dass dieser Nutzen seinem Wesen nach schon anmutig genug ist, um aller fremden Annehmlichkeiten entbehren zu können? Freilich geht es dem *La Fontaine*, und allen seinen Nachahmern, wie meinem *Manne mit dem Bogen*[69]; der Mann wollte, dass sein Bogen mehr als glatt sei; er ließ Zieraten darauf schnitzen; und der Künstler verstand sehr wohl, was für Zieraten auf einen Bogen gehörten; er schnitzte eine Jagd darauf: Nun will der Mann den Bogen versuchen, und er zerbricht. Aber war das die Schuld des Künstlers? Wer hieß den Mann, so wie zuvor, damit zu schießen? Er hätte den geschnitzten Bogen nunmehr fein in seiner Rüstkammer aufhängen und seine Augen daran weiden sollen! Mit einem solchen Bogen schießen zu wollen! – Freilich würde nun auch *Plato*, der die Dichter alle mitsamt ihrem *Homer* aus seiner Republik verbannte, dem *Aesopus* aber einen rühmlichen Platz darin vergönnte, freilich würde auch *er* nunmehr zu dem *Aesopus*, so wie ihn *La Fontaine* verkleidet hat, sagen: Freund, wir kennen einander nicht mehr! Geh auch du deinen Gang! Aber, was geht es uns an, was so ein alter Grillenfänger wie *Plato* sagen würde? –

---

[69] S. die erste Fabel des dritten Buchs.

Vollkommen richtig! Unterdessen, da ich so sehr billig bin, hoffe ich, dass man es auch einigermaßen gegen mich sein wird. Ich habe die erhabene Absicht, die Welt mit meinen Fabeln zu *belustigen*, leider nicht gehabt; ich hatte mein Augenmerk nur immer auf diese oder jene Sittenlehre, die ich, meistens zu meiner eigenen Erbauung, gern in besondern Fällen übersehen wollte; und zu diesem Gebrauche glaubte ich meine Erdichtungen nicht kurz, nicht trocken genug aufschreiben zu können. Wenn ich aber itzt die Welt gleich nicht belustige, so könnte sie doch mit der Zeit vielleicht durch mich belustiget werden. Man erzählt ja die neuen Fabeln des *Abstemius* eben sowohl als die alten Fabeln des *Aesopus* in Versen; wer weiß, was meinen Fabeln aufbehalten ist und ob man auch sie nicht einmal mit aller möglichen Lustigkeit erzählet, wenn sie sich anders durch ihren innern Wert eine Zeitlang in dem Andenken der Welt erhalten? In dieser Betrachtung also, bitte ich voritzo mit meiner Prosa –

Aber ich bilde mir ein, dass man mich meine Bitte nicht einmal aussagen lässt. Wenn ich mit der allzu muntern und leicht auf Umwege führenden Erzählungsart des *La Fontaine* nicht zufrieden war, musste ich darum auf das andere Extremum verfallen? Warum wandte ich mich nicht auf die Mittelstraße des *Phaedrus* und erzählte in der zierlichen Kürze des Römers, aber doch in Versen? Denn prosaische Fabeln; wer wird die lesen wollen! – Diesen Vorwurf werde ich ohnfehlbar zu hören bekommen. Was will ich im Voraus darauf antworten? Zweierlei. *Erstlich*, was man mir am leichtesten glauben wird: Ich fühlte mich zu unfähig, jene zierliche Kürze in Versen zu erreichen. *La Fontaine*, der ebendas bei sich fühlte, schob die Schuld auf seine Sprache. Ich habe von der meinigen eine zu gute

Meinung und glaube überhaupt, dass ein Genie seiner angebornen Sprache, sie mag sein, welche es will, eine Form erteilen kann, welche er will. Für ein Genie sind die Sprachen alle von einer Natur; und die Schuld ist also einzig und allein meine. Ich habe die Versifikation nie so in meiner Gewalt gehabt, dass ich auf keine Weise besorgen dürfen, das Silbenmaß und der Reim werde hier und da den Meister über mich spielen. Geschähe das, so wäre es ja um die Kürze getan und vielleicht noch um mehr wesentliche Eigenschaften der guten Fabel. Denn *zweitens* – Ich muss es nur gestehen; ich bin mit dem *Phaedrus* nicht so recht zufrieden. *De La Motte* hatte ihm weiter nichts vorzuwerfen, als »dass er seine Moral oft zu Anfange der Fabeln setze und dass er uns manchmal eine allzu unbestimmte Moral gebe, die nicht deutlich genug aus der Allegorie entspringe«. Der erste Vorwurf betrifft eine wahre Kleinigkeit; der zweite ist unendlich wichtiger, und leider gegründet. Doch ich will nicht fremde Beschuldigungen rechtfertigen; sondern meine eigne vorbringen. Sie läuft dahinaus, dass *Phaedrus*, sooft er sich von der Einfalt der griechischen Fabeln auch nur einen Schritt entfernt, einen plumpen Fehler begehet. Wie viel Beweise will man? Z. E.

Fab. 4. Lib. I.

Canis per flumen, carnem dum ferret natans,
Lympharum in speculo vidit simulacrum suum etc.

Es ist unmöglich; wenn der Hund durch den Fluss *geschwommen* ist, so hat er das Wasser um sich her notwendig so getrübt, dass er sein Bildnis unmöglich darin sehen können. Die griechischen Fabeln sagen: Κυων κρεας εχουσα ποταμον διεβαινε; das braucht weiter nichts zu heißen als: *Er ging über den Fluss*; auf einem niedrigen Steige, muss man sich vorstellen. *Aphthonius* bestimmt diesen Umstand noch behutsamer: Κρεας αρπασασα τις κυων παρ' αυτην διηει την οχθην; der Hund ging an dem Ufer des Flusses.

Fab. 5. Lib. I.

Vacca et capella, et patiens ovis injuriae,
Socii fuere cum leone in saltibus.

Welch eine Gesellschaft! Wie war es möglich, dass sich diese viere zu einem Zwecke vereinigen konnten? Und zwar zur Jagd! Diese Ungereimtheit haben die Kunstrichter schon öfters angemerkt; aber noch keiner hat zugleich anmerken wollen, dass sie von des *Phaedrus* eigener Erfindung ist. Im Griechischen ist diese Fabel zwischen dem *Löwen* und dem wilden *Esel* (Οναγρος). Von dem wilden Esel ist es bekannt, dass er ludert; und folglich konnte er an der Beute teilnehmen. Wie elend ist ferner die Teilung bei dem *Phaedrus*:

> Ego primam tollo, nominor quia leo;
> Secundam, quia sum fortis, tribuetis mihi;
> Tum quia plus valeo, me sequetur tertia;
> Male afficietur, si quis quartam tetigerit.

Wie vortrefflich hingegen ist sie im Griechischen! Der Löwe macht sogleich drei Teile; denn von jeder Beute ward bei den Alten ein Teil für den König oder für die Schatzkammer des Staats beiseitegelegt. Und dieses Teil, sagt der Löwe, gehöret mir, βασιλευς γαρ ειμι; das zweite

Teil gehört mir auch, ὡς ἐξ ἴσου κοινωνων, nach dem Rechte der gleichen Teilung; und das dritte Teil κακον μεγα σοι ποιησει, ἐι μη ἐθελης φυγειν.

Fab. 11. Lib. I.

Venari asello comite cum vellet leo,
Contexit illum frutice, et admonuit simul,
Ut insueta voce terreret feras etc.
— — — —
Quae dum paventes exitus notos petunt,
Leonis affliguntur horrendo impetu.

Der Löwe verbirgt den Esel in das Gesträuche; der Esel schreiet; die Tiere erschrecken in ihren Lagern, und da sie durch die *bekannten Ausgänge* davonfliehen wollen, fallen sie dem Löwen in die Klauen. Wie ging das zu? Konnte jedes nur durch *einen* Ausgang davonkommen? Warum musste es gleich den wählen, an welchem der Löwe lauerte? Oder konnte der Löwe überall sein? – Wie vortrefflich fallen in der griechischen Fabel alle diese Schwierigkeiten weg! Der Löwe und der Esel kommen da vor eine Höhle, in der sich wilde Ziegen aufhalten. Der Löwe schickt den Esel hinein; der Esel scheucht mit seiner fürchterlichen Stimme die wilden Ziegen heraus, und so können sie dem Löwen, der ihrer an dem Eingange wartet, nicht entgehen.

Fab. 9. Lib. IV.

Peras imposuit Jupiter nobis duas,
Propriis repletam vitiis post tergum dedit,
Alienis ante pectus suspendit gravem.

Jupiter hat uns diese zwei Säcke aufgelegt? Er ist also selbst Schuld, dass wir unsere eigene Fehler nicht sehen und nur scharfsichtige Tadler der Fehler unsers Nächsten sind? Wie viel fehlt dieser Ungereimtheit zu einer förmlichen Gotteslästerung? Die bessern Griechen lassen durchgängig den Jupiter hier aus dem Spiele; sie sagen schlechtweg: Ανϑρωπος δυο πηρας εκαστος φερει; oder: δυο πηρας ἐξημμεϑα του τραχηλου usw.

Genug für eine Probe! Ich behalte mir vor, meine Beschuldigung an einem andern Orte umständlicher zu erweisen, und vielleicht durch eine eigene Ausgabe des *Phaedrus*.

V. Von einem besondern Nutzen der Fabeln in den Schulen

Ich will hier nicht von dem moralischen Nutzen der Fabeln reden; er gehöret in die allgemeine praktische Philosophie: Und würde ich mehr davon sagen können, als *Wolf* gesagt hat? Noch weniger will ich von dem geringern Nutzen itzt sprechen, den die alten Rhetores in ihren Vorübungen von den Fabeln zogen, indem sie ihren Schülern aufgaben, bald eine Fabel durch alle casus obliquos zu verändern, bald sie zu erweitern, bald sie kürzer zusammenzuziehen etc. Diese Übung kann nicht anders als zum Nachteil der Fabel selbst vorgenommen werden; und da jede kleine Geschichte ebenso geschickt dazu ist, so weiß ich nicht, warum man eben die Fabel dazu missbrauchen muss, die sich als Fabel ganz gewiss nur auf eine einzige Art *gut* erzählen lässt.

Den Nutzen, den ich itzt mehr berühren als umständlich erörtern will, würde man den *heuristischen* Nutzen der Fabeln nennen können. – Warum fehlt es in allen Wissenschaften und Künsten so sehr an Erfindern und selbstdenkenden Köpfen? Diese Frage wird am besten durch eine andre Frage beantwortet: Warum werden wir nicht besser erzogen? Gott gibt uns die Seele; aber das *Genie* müssen wir durch die Erziehung bekommen. Ein Knabe, dessen gesamte Seelenkräfte man, so viel als möglich, beständig in einerlei Verhältnissen ausbildet und erweitert, den man angewöhnt, alles, was er täglich zu seinem kleinen Wissen hinzulernt, mit dem, was er gestern bereits wusste, in der Geschwindigkeit zu vergleichen und achtzuhaben, ob er durch diese Vergleichung nicht von selbst auf Dinge kömmt, die ihm noch nicht gesagt worden, den man beständig aus einer Scienz in die andere hinübersehen lässt, den man lehret, sich ebenso leicht von dem Besondern zu dem Allgemeinen zu erheben, als von dem Allgemeinen zu dem Besondern sich wieder herabzulassen: Der Knabe wird ein Genie *werden*, oder man kann nichts in der Welt *werden*.

Unter den Übungen nun, die diesem allgemeinen Plane zufolge angestellet werden müssten, glaube ich, würde die Erfindung aesopischer Fabeln eine von denen sein, die dem Alter eines Schülers am allerangemessensten wären: Nicht, dass ich damit suchte, alle Schüler zu Dichtern zu machen; sondern weil es unleugbar ist, dass das Mittel, wodurch die Fabeln erfunden worden, gleich dasjenige ist, das allen Erfindern überhaupt das allergeläufigste sein muss. Dieses Mittel ist das *Principium der Reduktion*, und es ist am besten, den Philosophen selbst davon zu hören: Videmus adeo, quo artificio utantur fabularum inventores, *principio* nimirum *reductionis*: quod quemadmodum ad inveniendum in genere utilissimum, ita ad fabulas inveniendas absolute necessarium est. Quoniam in arte inveniendi principium reductionis amplissimum sibi locum vindicat, absque hoc principio autem nulla effingitur fabula; nemo in dubium revocare poterit, fabularum inventores inter inventores locum habere. Neque est quod inventores abjecte de fabularum inventoribus sentiant: quod si enim fabula nomen suum tueri, nec quicquam in eadem desiderari debet, haud exiguae saepe artis est eam invenire, ita ut in aliis veritatibus inveniendis excellentes hic vires suas deficere agnoscant, ubi in rem praesentem veniunt. Fabulae aniles nugae sunt, quae nihil veritatis continent, et earum autores in nugatorum non inventorum veritatis numero sunt. Absit autem ut hisce aequipares inventores fabularum vel fabellarum, cum quibus in praesente nobis negotium est, et quas vel inviti in Philosophiam practicam admittere tenemur, nisi praxi officere velimus.[70]

Doch dieses Principium der Reduktion hat seine großen Schwierigkeiten. Es erfordert eine weitläuftige Kenntnis des Besondern und aller individuellen Dingen, auf welche die Reduktion geschehen kann. Wie ist diese von jungen Leuten zu verlangen? Man müsste dem Rate eines neuern Schriftstellers folgen, den ersten Anfang ihres Unterrichts mit der Geschichte der Natur zu machen und diese in der niedrigsten Klasse allen Vorlesungen zum Grunde zu legen[71]. Sie enthält, sagt er, den Samen aller übrigen Wissenschaften, sogar die moralischen nicht ausgenommen. Und es ist kein Zweifel, er wird mit diesem Samen der Moral, den er in der Geschichte der Natur gefunden zu haben glaubet, nicht auf die bloßen Eigenschaften der Tiere, und anderer geringern Geschöpfe, sondern auf die aesopischen Fabeln, welche auf diese Eigenschaften gebauet werden, gesehen haben.

Aber auch alsdenn noch, wenn es dem Schüler an dieser weitläuftigen Kenntnis nicht mehr fehlte, würde man ihn die Fabeln anfangs müssen mehr *finden* als *erfinden* lassen; und die allmählichen Stufen von diesem *Finden* zum *Erfinden*, die sind es eigentlich, was ich durch verschiedene Versuche meines *zweiten* Buchs habe zeigen wollen. Ein gewisser Kunstrichter sagt: »Man darf nur im Holz und im Feld, insonderheit aber auf der Jagd, auf alles Betragen der zahmen und der wilden Tiere aufmerksam sein und, sooft etwas Sonderbares und Merkwürdiges zum Vorschein kömmt, sich selber in den Gedanken fragen, ob es nicht eine Ähnlichkeit mit einem gewissen Charakter

---

[70] Philosoph. practicae universalis pars post. § 310.
[71] Briefe die neueste Litteratur betreffend. 1. Teil, S. 58.

der menschlichen Sitten habe und in diesem Falle in eine symbolische Fabel ausgebildet werden könne.«[72] Die Mühe, mit seinem Schüler auf die Jagd zu gehen, kann sich der Lehrer ersparen, wenn er in die alten Fabeln selbst eine Art von Jagd zu legen weiß, indem er die Geschichte derselben bald eher abbricht, bald weiter fortführt, bald diesen oder jenen Umstand derselben so verändert, dass sich eine andere Moral darin erkennen lässt.

Z. E. die bekannte Fabel von dem Löwen und Esel fängt sich an: Λεων και ὀνος, κοινωνιαν θεμενοι, ἐξηλθον ἐπι θηραν – Hier bleibt der Lehrer stehen. Der Esel in Gesellschaft des Löwen? Wie stolz wird der Esel auf diese Gesellschaft gewesen sein! *(Man sehe die achte Fabel meines zweiten Buchs.)* Der Löwe in Gesellschaft des Esels? Und hatte sich denn der Löwe dieser Gesellschaft nicht zu schämen? *(Man sehe die siebente.)* Und so sind zwei Fabeln entstanden, indem man mit der Geschichte der alten Fabel einen kleinen Ausweg genommen, der auch zu einem Ziele, aber zu einem andern Ziele führet, als Aesopus sich dabei gesteckt hatte.

Oder man verfolgt die Geschichte einen Schritt weiter: Die Fabel von der Krähe, die sich mit den ausgefallenen Federn andrer Vögel geschmückt hatte, schließt sich: και ὁ κολοιος ἠν παλιν κολοιος. Vielleicht war sie nun auch etwas Schlechters, als sie vorher gewesen war. Vielleicht hatte man ihr auch ihre eigene glänzenden Schwingfedern mit ausgerissen, weil man sie gleichfalls für fremde Federn gehalten? So geht es dem Plagiarius. Man ertappt ihn hier, man ertappt ihn da; und endlich glaubt man, dass er auch das, was wirklich sein eigen ist, gestohlen habe. *(S. die sechste Fabel meines zweiten Buchs.)*

---

[72] Kritische Vorrede zu M. v. K. neuen Fabeln.

Oder man verändert einzelne Umstände in der Fabel. Wie, wenn das Stücke Fleisch, welches der Fuchs dem Raben aus dem Schnabel schmeichelte, vergiftet gewesen wäre? *(S. die fünfzehnte.)* Wie, wenn der Mann die erfrorne Schlange nicht aus Barmherzigkeit, sondern aus Begierde, ihre schöne Haut zu haben, aufgehoben und in den Busen gesteckt hätte? Hätte sich der Mann auch alsdenn noch über den Undank der Schlange beklagen können? *(S. die dritte Fabel.)*

Oder man nimmt auch den merkwürdigsten Umstand aus der Fabel heraus und bauet auf denselben eine ganz neue Fabel. Dem Wolfe ist ein Bein in dem Schlunde stecken geblieben. In der kurzen Zeit, da er sich daran würgte, hatten die Schafe also vor ihm Friede. Aber durfte sich der Wolf die gezwungene Enthaltung als eine gute Tat anrechnen? *(S. die vierte Fabel.)* *Herkules* wird in den Himmel aufgenommen und unterlässt, dem *Plutus* seine Verehrung zu bezeigen. Sollte er sie wohl auch seiner Todfeindin, der *Juno*, zu bezeigen unterlassen haben? Oder würde es dem *Herkules* anständiger gewesen sein, ihr für ihre Verfolgungen zu danken? *(S. die zweite Fabel.)*

Oder man sucht eine edlere Moral in die Fabel zu legen; denn es gibt unter den griechischen Fabeln verschiedene, die eine sehr nichtswürdige haben. Die Esel bitten den *Jupiter*, ihr Leben minder elend sein zu lassen. Jupiter antwortet: τοτε αυτους απαλλαγησεσθαι της κακοπαθειας, οταν ουρουντες ποιησωσι ποταμον. Welch eine unanständige Antwort für eine Gottheit! Ich schmeichle mir, dass ich den *Jupiter* würdiger antworten lassen und überhaupt eine schönere Fabel daraus gemacht habe. *(S. die zehnte Fabel.)*

– Ich breche ab! Denn ich kann mich unmöglich zwingen, einen Kommentar über meine eigene Versuche zu schreiben.

Übersetzung der griechischen, lateinischen und französischen Zitate

Übersetzt und kommentiert von Matthias Hackemann

12 Ορρωδει ὁ ἐλεφας …: Elefanten fürchten sich vor gehörnten Widdern und dem Grunzen der Schweine.
Αλεκτρυονα φοβειται …: Löwen fürchten sich vor Hähnen.

13 Καμηλον ὡς …: Dass Pferde vor Kamelen scheuen, haben sowohl Kyros als auch Krösus erkannt.

19 Ιππος ἐρριμμενος …: Ein gefallenes Pferd ist Brutstätte für Wespen.

20 Η στρουϑος …: Der Vogel Strauß besitzt zwar Flügel, doch erlaubt es ihm seine Natur nicht, sich emporzuschwingen und hoch in den Lüften zu kreisen. Er kann jedoch sehr schnell laufen und breitet dabei die Flügel auf beiden Seiten aus, sodass der einfallende Wind sie wie Segel anschwellen lässt: zu fliegen vermag er trotzdem nicht.

21 Λεοντι ὀμοσε …: Indische Hunde greifen Löwen an, können ihnen heftig zusetzen und sie verwunden, doch am Ende unterliegt: der Hund.

24 Ο Μεροψ …: Der Merops [Bienenfresser] fliegt angeblich verkehrt herum: alle übrigen Vögel bewegen sich vorwärts – mit dem Gesicht voran –, er aber rückwärts.

44 Αειπαρϑενος: Ewig jungfräulich [von den Erinnyen, d.h. Rachegöttinnen]

49 Η χελιδων …: Die Schwalbe – setzt sich auf den Rücken der Schafe, rupft Wollflocken ab und bereitet ihren Jungen damit ein weiches Lager.

73 ὁτι το καλον …: Dass das Gute nicht in der Quantität, sondern der Qualität liegt.

74 *Hoc scriptum* …: Das richtet sich an Leute wie dich, / Die große Drohungen aussprechen, aber nichts zuwege bringen.

75 *La Fable* …: [Die Übersetzung ist im Fließtext gegeben]

76 Ἀλληγορια, quam ...: [Übers. teils im Fließtext] »Allegoria« lässt sich mit »Umkehrung« übersetzen: Sie vermittelt den Wörtern nach das eine, dem Sinn nach aber etwas anderes – und mitunter sogar das Gegenteil.

77 *ac etiam* ...: und mitunter sogar das Gegenteil
Allegoria dicitur ...: »Allegorie« heißt sie, weil sie etwas anderes [gr. ἄλλο] bezeichnet, als sie ausspricht [gr. ἀγορευει]. Dabei muss dieses Andere auf »anderes Ähnliches« beschränkt werden, sonst wäre auch jede Form von Ironie eine Allegorie.

80 *Impune potius* ...: Es ist besser, Einschränkungen hinzunehmen, als sich zum Werkzeug anderer zu machen.

81 ὅτι δει ...: Zweifellos müssen wir Freundschaften meiden, die einen zweifelhaften Charakter haben.

82 *contre la justesse* ...: [Übers. im Fließtext]

83 *Lorsque l'on vous* ...: [Übers. im Fließtext]

84 *La Fable est* ...: [Übers. im Fließtext]

85 *In principatu* ...: Wechselt die Herrschaft über die Bürger, / Ändert sich für die Armen nur der Name ihres Herrn.

86 *Cursu veloci* ...: Schnell vergänglich, auf des Messers Schneide stehend, / Mit kahlem Hinterkopf, haariger Stirn und nacktem Körper: / Wenn du sie zu fassen bekommst, halte sie fest. Einmal entglitten / Könnte nicht einmal Jupiter sie nochmals ergreifen: / So ist die flüchtige Gelegenheit, die den Dingen innewohnt. / Damit träges Zögern den Erfolg nicht verhindert, / Hat man in alter Zeit solche Bilder für den rechten Moment ersonnen.

88 *Lucernam fur accendit* ...: Ein Dieb entzündete seine Öllampe am Feuer von Jupiters Altar, / Und beraubte zu ihrem Lichtschein eben diesen Gott; / Als sich der Dieb, von Raubgut beladen, aufmachen wollte, / Erscholl plötzlich die Stimme der heiligen Ehrfurcht: / »Obwohl die Gaben, die du gepackt hast, von Sündern stammen / Und mir verhasst sind, sodass ich selbst an dem Raub keinen Anstoß nehme – / Dennoch wirst du Frevler diese Schuld mit deinem Leben bezahlen, /

Wenn einst der festgelegte Tag der Strafe gekommen ist. / Aber damit das Feuer, das den ehrwürdigen Göttern frommen Glanz verleiht, / Nie wieder einer Freveltat ihr Licht zur Verfügung stellt, / Verbiete ich von nun an, dieses Feuer so zu nutzen.« / Deshalb ist es heute heilige Pflicht, niemals eine Öllampe an der Herdstelle eines Gottes / Oder etwas Gottgeweihtes mit einer Öllampe zu entzünden.

89 *Quot res contineat …:* Welche Moral diese Fabel enthält, / Wird niemand anderes als ihr Erfinder selbst erläutern: / Erstens zeigt sie, dass gerade jene, die du selbst gefördert hast, / Sich als deine größten Gegner erweisen können. / Zweitens vermittelt sie, dass Verbrechen nicht vom Zorn der Götter, / Sondern durch das Verhängnis im Laufe der Zeit bestraft werden. / Und zuletzt gebietet sie den guten Menschen, / Sich im Umgang mit jedweder Sache von Frevlern abzugrenzen.

92 *L'Apologue …:* [Übers. im Fließtext]

95 *une des plus …:* Eine der schönsten und populärsten des Altertums
fauce improba incitatus: Von Fressbegierde angestachelt
jurgii causam intulit: Beginnt er den Streit unter einem vorgeschobenen Grund
ὁις προϋεσις ἀδικειν …: Wer aus Vorsatz unrecht tut, lässt sich von Argumenten nicht beeindrucken.
μετ᾽ εὐλογου ἀιτιας: mit Hilfe eines rationalen Vorwurfs

96 *que le plus …:* Dass der schwächere oft vom stärkeren unterdrückt wird.
fictae causae: Erfundenen Gründe
Laudatis utiliora …: Nützlicher als das, was man rühmt, stellt sich oft dasjenige heraus, was man geringschätzt

97 κενοδοξιαν: [Übers. im Fließtext]
ut conspicuum …: Als auffälliges Zeichen, dem die Kämpfer in der Schlacht folgen könnten.

98 *Haesere in portis …:* Sie blieben in den Eingängen stecken und wurden von ihren Feinden erbeutet: / Mit gierigen Zähnen

hat der Sieger sie, die Todgeweihten, / In den Höllenschlund seines weiten Magens gestürzt.
99 *Tu non videris ...:* Du [der Wolf] hast augenscheinlich nicht selbst verloren, was du zurückforderst; / Von dir [dem Fuchs] vermute ich, dass du es entwendet hast, auch wenn du es wunderbar leugnest.
103 γινωσκων ὁυ χαριν ...: [Übers. im Fließtext]
107 περι παραδειγματος: [Übers. im Fließtext]
Παραδειγματων δ' ειδη ...: Es gibt zwei Arten von Exempeln
ἐν μεν γαρ ...: Dabei schildert die eine Art von Exempeln Ereignisse wahrheitsgemäß, die andere erdichtet sie. Letztere Art teilt sich in Parabeln und Fabeln wie die von Äsop und aus Libyen.
ὡσπερ ἐι τις: Wenn jemand gleichsam ...
108 Εισι δ' ὁι λογοι ...: Manche Fabeln sind auch für politische Reden geeignet, und sie haben folgenden Vorteil: Passende historische Vergleiche lassen sich schwer, geeignete Fabeln hingegen recht leicht finden. Man muss sie wie Parabeln ersinnen – sofern man einen Blick für inhaltliche Parallelen hat, was mit Hilfe der Philosophie besser gelingt. Zwar lassen sich Fabeln demnach leichter heranziehen, aber mit Blick auf die Überzeugungskraft sind historische Vergleiche nützlicher: Im Allgemeinen ähneln kommende Ereignisse nämlich vergangenen Geschehnissen.
109 Ταχ' ἀν ...: Vielleicht könnte man sogar sagen, dass selbst folgendes wahrscheinlich ist: / Dass den Menschen oft Unwahrscheinliches widerfährt.
ἐπι το πολυ: [Übers. im Fließtext]
110 *quod risum movet:* Weil es zum Lachen reizt.
113 Φασι: Es heißt
ταις ἀιτιατικαις: [Übers. im Fließtext: »in dem Klagefalle«, gemeint ist:] Im Akkusativ
ἰνα παραμυθησωνται ...: [Übers. im Fließtext]
114 Φασιν, ὁτε ...: [Übers. im Fließtext]

121 Του δε μυθου, [...] το μεν εστι ...: [Übers. im Fließtext. Die in Parenthese genannten »Vorübungen« bezeichnen einen Buchtitel]
124 *Absit enim:* Hüten wir uns nämlich davor ...
absit, ut negemus ...: Hüten wir uns davor, jemandem zu unterstellen, er habe gedankliche Fehler begangen, weil er sich fehlerhaft ausdrückt. Es ist lächerlich, jemandem, dessen Argumentation fehlerfrei ist, einen Irrtum vorzuwerfen, nur weil ihm nicht die rechten Worte zur Verfügung standen, um seine Überlegungen zu formulieren.
132 *Sophismata* ...: Scheinbeweise auf der Basis leerer Argumente
138 *qu'il falloit en* ...: Dass mein Werk zum Ausgleich lustiger gestaltet werden musste als seines.
mot plaisant ...: Eine gefällige, gleichwohl stichhaltige Bemerkung.
139 *Ego vero narrationem* ...: Ich selbst bin allerdings folgender Auffassung: Wenn überhaupt ein Teil des Vortrags, dann muss die Erzählung von soviel Anmut [Grazie] und Liebreiz [Venus] wie möglich geziert werden.
Facti: Tatsächlich geschehenen
Chrie: [terminus technicus:] Das Einbeziehen eines Gemeinplatzes in einen konkreten Fall nach bestimmten rhetorischen Regeln.
εν δε τοις ...: [Übers. ausreichend genau im Fließtext]
Sed plurimum refert ...: Aber vor allem kommt es auf den Kern der Sache an, die wir darlegen.
140 *Tout Original* ...: So eigenständig sein Erzählstil war, so sehr grenzte seine Verehrung der Alten an Voreingenommenheit – als seien sie seine Idole gewesen. *Die Kürze,* schreibt er, *ist die Seele der Fabel, und das muss man nicht begründen: Es reicht, dass Quintilian es gesagt hat.*
141 ερμηνεια ακατασκευος: Ungekünstelte Sprache
142 *Un vieux Renard* ...: Ein alter Fuchs, aber ein besonders schlauer, / Einer der großartig Hühner fressen und Kanin-

chen reißen konnte / Und dem man den Fuchs schon von weitem ansah …

145 *Canis per flumen* …: Als ein Hund mit Fleisch im Maul durch einen Fluss schwamm, / Sah er im Wasserspiegel sein Ebenbild usw.

Κυων κρεας ἐχουσα …: Ein Hund mit Fleisch im Maul überquerte einen Fluss

146 Κρεας ἁρπασασα …: Ein Hund, der etwas Fleisch erbeutet hatte, [weitere Übers. im Fließtext]

Vacca et …: Eine Kuh, eine Ziege und ein duldsames Schaf / Streiften gemeinsam mit einem Löwen durch die Bergwälder.

Ego primam tollo …: Ich nehme mir den ersten Teil, weil ich Löwe heiße; / Den zweiten müsst ihr mir aufgrund meiner Stärke schenken, / Anschließend fällt mir der dritte Teil zu, weil ich euch überlegen bin; / Schlecht ergehen soll es dann dem, der mir den vierten Teil nehmen sollte.

βασιλευς …: Denn ich bin König

147 ὡς ἐξ ἰσου …: [Übers. im Fließtext]

κακον μεγα …: Es wird dir sehr übel bekommen, wenn du nicht freiwillig das Weite suchst.

Venari asello …: Ein Löwe wollte einmal gemeinsam mit einem Esel jagen: / Dazu hieß er ihn, sich im Gestrüpp zu verstecken und dann / Die Wildtiere durch sein fremdartiges Geschrei aufzuscheuchen usw.

…

Als diese dann in Angst zu den bekannten Ausgängen eilen, / Fallen sie dem furchtbaren Angriff des Löwen zum Opfer.

148 *Peras imposuit* …: Zwei Lastensäcke hat uns Jupiter aufgebürdet: / Einen am Rücken, der voll ist mit unseren eigenen Fehlern, / Einen an der Brust, der schwer ist von anderer Leute Vergehen.

Ανθρωπος …: Jeder Mensch trägt zwei Lastensäcke

δυο πηρας …: Zwei Lastensäcke hängen uns um den Nacken.

149 *casus obliquos:* [Die deklinierten Fälle, d. h. außer dem Nominativ]

150 *Videmus adeo, quo* …: Wir können sogar feststellen, welche Kunstmittel die Fabeldichter verwenden: vor allem das Prinzip der Reduktion. Genauso nützlich, wie es für das Erfinden im Allgemeinen ist, so unerlässlich ist es, um Fabeln zu ersinnen. Denn während das Prinzip der Reduktion in der Erfindungskunst sehr großen Raum in Anspruch nimmt, könnte ohne dieses Prinzip gar keine Fabel erdichtet werden. Niemand kann wohl in Zweifel ziehen, dass die Fabeldichter einen Platz unter den Erfindern einnehmen. Und es gibt keinen Grund für Erfinder, abschätzig über Fabeldichter zu urteilen: Da eine Fabel ihrem Namen gerecht werden muss, aber zugleich nichts vermissen lassen darf, ist oft größte Kunst erforderlich, um sie zu ersinnen. Daher müssen selbst Erfinder, die auf anderen Forschungsgebieten exzellente Arbeit leisten, eingestehen, dass ihre Künste versagen, sobald sie sich an die hier behandelte Dichtungsart machen. Altweibergeschwätz sind Fabeln jedoch, wenn sie keinerlei Wahrheit enthalten, und solche Verfasser reihen sich bei den Schwätzern, nicht bei den Entdeckern der Wahrheit ein. Doch man muss betonen, dass solche Erfinder von Fabeln und Geschichtchen nichts mit denen zu tun haben, um die es hier geht. Wir sind verpflichtet und gehalten, diese – wenn auch widerwillig – in die praktische Philosophie zu integrieren, wenn wir nicht entgegen unserer sonstigen Vorgehensweise handeln möchten.

152 Λεων και ονος …: Ein Löwe und ein Esel gingen gemeinsam auf die Jagd.

και ὁ κολοιος …: Und die Krähe war wieder eine Krähe.

153 τοτε αυτους …: Dass er sie von ihrem Elend befreien werde, sobald ihre Pisse einen Fluss bilde.